10631584

L'AVENIR EN COMMUN

L'AVENIR EN COMMUN

Mélenchon 2017

Le programme de la France insoumise

et son candidat
Jean-Luc Mélenchon

Éditions du Seuil
25, bd Romain-Rolland, Paris XIVᵉ

ISBN 978-2-02-131751-0

www.seuil.com

L'URGENCE SOCIALE

PROTÉGER ET PARTAGER

L'URGENCE ÉCOLOGIQUE

LA PLANIFICATION ÉCOLOGIQUE 67

L'EUROPE EN QUESTION

SORTIR DES TRAITÉS EUROPÉENS . . . 79

LA PAIX EN QUESTION
POUR L'INDÉPENDANCE DE LA FRANCE

FACE À LA GRANDE RÉGRESSION
LE PROGRÈS HUMAIN D'ABORD

FACE AU DÉCLINISME

LA FRANCE AUX FRONTIÈRES DE L'HUMANITÉ

L'avenir en commun

Introduction de
Jean-Luc Mélenchon,
candidat de la France insoumise
à l'élection présidentielle

Notre pays est neuf. L'urbanisation accélérée et le métissage de sa population depuis un siècle, l'élévation fantastique du niveau d'éducation de son peuple, la mise en œuvre des conquêtes sociales l'ont métamorphosé! Notre pays est jeune: sa population sera bientôt la première en Europe. Notre pays est puissant: son économie compte parmi les premières du monde. De tout cela que faisons-nous à l'heure où l'humanité entière doit relever les plus grands défis collectifs du fait du dérèglement climatique et de la menace d'épuisement qui pèse sur l'écosystème? Regardons-nous: le pays est défiguré par le chômage, la pauvreté, le productivisme le plus aveuglé, et les communautarismes fielleusement entretenus! Pillé et démoralisé, il est rendu incapable de déployer son formidable potentiel humain, technique et culturel. La finance, la cupidité, les préjugés de classe, le sexisme et le racisme ordinaires pourrissent tout.

Quel genre de pays sommes-nous devenus au bout de trente ans de gâteries aux puissants jamais rassasiés? Le nombre des millionnaires augmente, mais ses millions de salariés, ouvriers, employés, ses paysans se désespèrent, ses retraités peinent à boucler les fins de mois! Des centaines de milliers de familles travaillent dur et sont devenues pauvres, ses diplômés vivent dans la précarité! Les suicides des salariés s'ajoutent aux centaines de morts annuels sur le poste de travail. Voici les seniors jetés au chômage dans l'attente d'une retraite sans cesse repoussée! Les classes moyennes s'enfoncent dans la gêne. Jusqu'aux artisans, commerçants, chefs de petites entreprises qui enragent quand la finance déserte la production réelle, vide les carnets de commandes, ubérise tout, et ponctionne un pesant impôt privé à coups d'intérêts ou d'agios sur la moindre transaction.

Quel genre de valeurs domine notre pays quand ses enseignants et ses personnels de santé sont si mal payés et si maltraités au travail? Où est la République quand l'État a honte de lui-même? Quand ses serviteurs sont traités comme des parasites encombrants? Quand ses services publics délabrés ne tiennent plus que par l'acharnement au travail de leurs salariés? Quand la désorganisation territoriale met les populations en concurrence et éloigne toujours plus les citoyens du pouvoir? Quel est ce pays désormais livré aux abus de l'état d'urgence? Quelle infamie quand des salariés sont destinés à la prison pour avoir défendu leur emploi! La liste de ces hontes est longue. Je crois qu'on peut en finir avec tout cela.

Notre peuple a le goût du futur. Les nouvelles générations, comme les autres avant elles, vibrent du même désir d'avoir une vie digne de leurs espérances.

Notre pays déborde d'énergie et de savoir-faire. Il est aux avant-postes des domaines les plus avancés de l'esprit humain. Il regorge de bonnes volontés, d'envie de se rendre utile, d'imagination et de capacité de création. Sa langue est en usage commun dans 29 pays du monde et elle formera le troisième groupe de locuteurs d'ici peu. Avec ses 35 frontières, si la France développe son identité universaliste, elle peut coopérer directement avec les peuples de tous les continents. Si elle se rend indépendante, elle peut contribuer en première ligne à la paix du monde. N'est-ce pas terriblement urgent face à la menace montante de guerre généralisée?

Vous avez entre les mains un programme conçu pour répondre positivement aux défis de notre temps.
Ce programme a été préparé sur de longs mois de travail collectif. Mais, au-delà même des milliers de personnes qui l'ont mis en forme, sachez qu'il emprunte aussi très largement aux travaux des associations, des syndicats et des collectifs citoyens. Car, depuis des décennies, ceux-ci ont maintenu éveillées les consciences et mené l'action de terrain que la caste des puissants a toujours méprisée.
Ce programme a une cohérence. Un fil commun relie ses chapitres et les mesures qui le composent. J'en résume rapidement les aspects. À nos yeux, l'urgence écologique, le désastre social et le délabrement de la démocratie sont les trois visages d'une même réalité. Nous étouffons sous le règne de la finance.

Elle gouverne le monde avec sa cupidité insatiable, sa certitude absurde que les intérêts particuliers sont seuls légitimes, que tout peut s'acheter et tout peut se vendre, que le libre-échange des marchandises et la circulation sans contrôle des capitaux sont les meilleurs organisateurs de toutes les activités humaines. Voilà bien ce qui détruit la planète et les êtres humains. Et, pire que tout, le règne de la finance détruit cette formidable capacité des êtres humains à coopérer entre eux pour résoudre leurs problèmes, ce que nous nommons démocratie.

C'est pourquoi la priorité pour nous c'est de donner le pouvoir, tout le pouvoir, au peuple, c'est-à-dire à la communauté humaine, parce qu'elle est la mieux placée pour s'occuper de son intérêt général. Le peuple souverain doit définir lui-même ses règles de fonctionnement politique. La monarchie présidentielle doit être abolie. La convocation d'une assemblée composée de gens qui n'ont jamais été élus au Parlement auparavant pour écrire une nouvelle Constitution est l'acte fondateur par lequel nous commencerons le prochain quinquennat. Vous lirez les propositions que nous faisons pour que le peuple, après cela, garde sa capacité d'initiative, tout en garantissant la nécessaire stabilité des institutions. Pendant que cette Assemblée constituante fera son travail, tout le reste du programme commencera à être mis en œuvre.

Avec la planification écologique, nous organiserons le changement global de notre façon de produire, d'échanger et de consommer, pour mener une vie en harmonie avec la nature dont nous sommes partie prenante. Cette organisation est nécessaire pour passer à l'agriculture paysanne, développer l'économie de la mer, substituer 100% d'énergie renouvelable et sortir méthodiquement du nucléaire. 300 000 emplois dans l'agriculture, 300 000 dans l'économie de la mer, 900 000 pour la transition énergétique, c'est beaucoup d'emplois qualifiés à pourvoir. Il faudra donc répondre à un fort besoin d'enseignement professionnel et de qualification de haut niveau. Cela prouve que le progrès humain est la clef du progrès écologique et de l'activité économique. La culture, les sciences, le sport, tout ce qui augmente, protège ou répare les capacités proprement humaines est le moteur du nouveau modèle que nous proposons. Nous récusons la violence crue généralisée que le système actuel fait subir à tous les êtres sensibles, humains et animaux. Nous nous donnons les moyens d'une société en pleine conscience de sa participation à tous les aspects de la vie de la planète.

C'est pourquoi nous voulons que la France soit une nation universaliste, qu'elle soit avant tout un facteur de paix, alors que se précise la marche vers une guerre généralisée. Pour cela notre pays doit conquérir son indépendance, sortir de la coalition militaire agressive qu'est l'Otan, afin d'agir pour construire une nouvelle alliance altermondialiste des peuples et peser de tout notre poids pour créer un monde ordonné autour de la communauté des nations qu'incarne l'Onu, en dépit de ses défauts. Plutôt qu'à la guerre et aux compétitions, c'est aux coopérations que nous voulons nous consacrer. Notre priorité doit être de nous tourner vers les frontières de l'humanité et d'y apporter notre contribution active: la mer, l'espace, les mondes du numérique. Là encore l'expansion humaine doit entrer dans une phase de pleine responsabilité et de prise de conscience des enjeux du long terme!

Rien de tout cela n'est possible sans une profonde et méthodique réorganisation de l'usage et de la répartition des richesses produites. Qu'est-ce qu'une richesse? Cela doit être repensé et agir contre les abus de l'obsolescence programmée, des incitations à un consumérisme irresponsable et à un mode d'alimentation nocif. Une société plus égalitaire est nécessaire non seulement pour donner à chacun les moyens de développer son potentiel personnel, mais aussi pour en finir avec un modèle d'arrogance, d'accumulation et de consommations ostentatoires, aussi nuisibles et immorales que ridicules. Un barème d'impôt progressif étalé sur quatorze tranches, une échelle des salaires limitant l'écart de un à vingt au maximum, le partage du temps de travail libéré par les progrès de l'automatisation et de l'intelligence artificielle, réparti dans la semaine, le mois, l'année et dans la durée de la vie profession-nelle, la limitation du droit du capital en fonction de la durée de son investissement, la définition d'une véritable citoyenneté dans l'entreprise, le droit de préemption des salariés pour acquérir en coopérative leur entre-prise: voyez vous-même au fil des pages comment nous avons pensé la transition vers une société plus douce et donc plus égalitaire dans ses rapports sociaux.

Pour cela, il faut balayer la caste qui a capté le pouvoir. Il est grand temps de réparer les dégâts de la sombre période que nous venons de vivre. Nos vies ne doivent plus être dominées par le règne du temps court, le patriarcat, la peur du lendemain, la guerre de chacun contre tous et l'abrutissement publicitaire. Le progrès humain peut devenir notre boussole.

Il faut pour cela changer le cadre fondamental dans lequel la France agit. Les traités européens nous retirent toute liberté d'action. Devant la décomposition de l'Union européenne et ses brutalités croissantes contre la démocratie, devant son obstination à opposer entre eux les salariés des pays membres en refusant toute harmonisation sociale et fiscale, et contre ses propensions belliqueuses, tout commence par la reconquête de notre indépendance. Cette Europe-là, soit on la change (plan A), soit on doit la quitter (plan B). Et c'est par là que tout commencera.

Loin du déclinisme, épousant le goût des grandes épopées collectives de notre histoire, notre projet est celui d'une France insoumise et fière de l'être, au service de l'avenir en commun des êtres humains.

Un programme en évolution permanente

*Ce programme est le fruit d'**une élaboration collective animée par Charlotte Girard**, juriste, et **Jacques Généreux**, économiste. La démarche a commencé le 10 février 2016 dès la proposition de candidature de Jean-Luc Mélenchon pour l'élection présidentielle de 2017.*

Notre point de départ est *L'Humain d'abord*, le programme porté par Jean-Luc Mélenchon en 2012 qui a recueilli 4 millions de voix. Depuis des mois, nous travaillons à son actualisation et à son développement.

La première étape du processus a ouvert les portes à tous les soutiens: entre les mois de février et août, environ **3 000 contributions ont été déposées sur le site internet jlm2017.fr par les insoumis.** Elles ont été lues et synthétisées par une équipe d'une vingtaine de rapporteurs répartis par thème.

Pour la deuxième étape, nous avons organisé seize **auditions programmatiques** avec des chercheurs, des professionnels et des militants, afin de dessiner les axes majeurs du programme et de préciser les conditions de sa mise en œuvre.

Dans un troisième temps, **les forces politiques** appuyant la candidature de Jean-Luc Mélenchon ont aussi apporté leurs contributions. Ce document met donc en commun toutes ces idées, il est le fruit de toutes ces contributions.

Le 16 octobre 2016, la Convention nationale de la France insoumise a transmis ce document au peuple français en vue des élections présidentielle et législatives de 2017.

Mais le travail collaboratif ne s'arrête pas là. Ce texte ne clôt pas la réflexion, il lui donne un nouvel élan. Le programme de la France insoumise est un objet vivant. **Tout au long de la campagne, nous allons donc l'enrichir encore** et affiner les propositions.

Ce sera fait par l'élaboration tout aussi collective de «livrets thématiques». Nous voulons également renforcer son caractère opérationnel en organisant des «ateliers législatifs» pour rédiger les premières propositions de loi que nous souhaitons faire adopter. Nous voulons enfin que la campagne soit instructive et qu'elle donne à penser. Les universités populaires de la France insoumise y contribueront.

Vous pouvez suivre cette actualité en continu sur le site internet http://www.jlm2017.fr/

Charlotte Girard et Jacques Généreux

L'urgence démocratique

LA 6e RÉPUBLIQUE

Tout commence par le pouvoir des citoyens. Comment rendre le pouvoir au peuple, en finir avec le système de la caste médiatico-politique et de la monarchie présidentielle?

C'est l'ère du peuple qui doit commencer! La révolution citoyenne à laquelle je crois est le moyen pacifique et démocratique de tourner la page de la tyrannie de l'oligarchie financière et de la caste qui est à son service.

Ce sera la tâche d'une Assemblée constituante, convoquée pour changer de fond en comble la Constitution, abolir la monarchie présidentielle et restaurer le pouvoir de l'initiative populaire. Je voudrais être le dernier président de la 5e République et rentrer chez moi sitôt que la nouvelle Constitution aura été adoptée par le peuple français. La 6e République commencera et ce sera une refondation de la France elle-même.

Jean-Luc Mélenchon

1. Réunir une Assemblée constituante

La nouvelle Constitution dont la France a besoin doit être radicalement nouvelle, y compris dans sa méthode d'écriture: elle ne peut être un simple rafistolage de la 5e République, ni se résumer à quelques réformes octroyées par le futur président de la République. C'est le peuple lui-même qui doit s'emparer de la question et s'impliquer tout au long d'un processus constituant. Nous proposons la convocation d'une assemblée spécifiquement chargée de rédiger une nouvelle Constitution sous le contrôle des citoyens: une Assemblée constituante. Nous soumettrons à ses travaux des propositions pour une 6e République démocratique, égalitaire, instituant de nouveaux droits et imposant l'impératif écologique.

Nous proposons de réaliser les mesures suivantes:

- Convoquer un référendum (article 11 de la Constitution) pour engager le processus constituant (modalités de la composition de l'Assemblée constituante – mode de scrutin, parité, tirage au sort et incompatibilités; modalités de la délibération; association des citoyens aux travaux...)

- Aucun parlementaire des anciennes assemblées de la 5e République ne pourra siéger dans cette Assemblée constituante. Les délégués à l'Assemblée constituante ne pourront être candidats aux élections suivant l'entrée en vigueur de la nouvelle Constitution

- Le projet de Constitution proposé par l'Assemblée constituante sera soumis à un référendum d'approbation

2. Balayer l'oligarchie, abolir les privilèges de la caste

La démocratie française est malade des privilèges, de l'argent-roi et de la collusion entre politique et finance. Une caste de privilégiés, coupée des réalités de la vie du peuple, a confisqué le pouvoir. Cela doit cesser: la vertu doit être au centre de l'action politique.

Nous proposons de réaliser les mesures suivantes:

- Rendre inéligible à vie toute personne condamnée pour corruption
- Supprimer le monopole du déclenchement de poursuites judiciaires par l'administration fiscale en cas de fraude: la justice doit pouvoir enquêter librement et de sa propre initiative, même contre l'avis du ministre
- Combattre la pollution du débat parlementaire par les lobbies, interdire l'entrée des lobbyistes dans l'enceinte du Parlement et les cadeaux faits aux parlementaires
- Mettre fin au pantouflage: tout haut fonctionnaire souhaitant travailler dans le privé devra démissionner de la fonction publique et rembourser le prix de sa formation s'il n'a pas servi au moins dix ans, supprimer le concours externe de l'ENA pour toute personne n'ayant jamais travaillé, durcir les règles contre les conflits d'intérêts, allonger les périodes d'interdiction d'exercer une fonction privée après avoir exercé une activité publique dans le même secteur
- Appliquer les recommandations d'Anticor et de Transparency International visant à empêcher la corruption et à

rapprocher les représentants des représentés, notamment obliger un élu à rendre publique sa déclaration de patrimoine transmise à la Haute autorité pour la transparence de la vie publique et supprimer la réserve parlementaire (enveloppe financière dépensée sans vote du Parlement, selon le bon vouloir de chaque parlementaire)

● Mettre fin à l'usurpation par le Medef de la parole des chefs d'entreprise: fonder la représentativité des organisations patronales sur la base d'élections, comme c'est déjà le cas pour les syndicats de salariés

3. Une République permettant l'intervention populaire

Le peuple est systématiquement tenu à l'écart des décisions. Tout au plus a-t-il le droit de voter une fois tous les cinq ans sans possibilité d'intervenir ensuite. Il est temps de faire confiance aux citoyens et de permettre le débat et l'expression de la souveraineté populaire en toutes circonstances.

Nous proposons de réaliser les mesures suivantes:

● Fixer le droit de vote à 16 ans, instaurer le vote obligatoire et la reconnaissance du vote blanc comme suffrage exprimé et généraliser la représentation proportionnelle

● Créer un droit de révoquer un élu en cours de mandat, par référendum, sur demande d'une partie du corps électoral

● Instaurer le référendum d'initiative citoyenne et le droit des citoyens de proposer une loi

● Rendre obligatoire le recours au référendum pour réviser la Constitution ou ratifier tout nouveau traité européen et garantir le respect de la décision populaire

- Reconnaître le droit de vote aux élections locales pour les résidents étrangers en situation régulière, comme en bénéficient déjà les ressortissants des pays de l'Union européenne

- Rendre effectif le principe du non-cumul des mandats, y compris dans le temps et abroger la loi NOTRE : contre les nouvelles féodalités et l'éloignement du pouvoir des citoyens, refonder l'organisation territoriale de la République et défendre les libertés communales

- Démocratiser l'accès aux responsabilités politiques en permettant à chacun de prendre un «congé républicain», sans risque pour son emploi ou ses droits quels qu'ils soient, en vue de se présenter à des élections

4. Abolir la monarchie présidentielle

La monarchie présidentielle actuelle marginalise le Parlement. Le président peut dissoudre l'Assemblée, mais celle-ci ne peut le renverser. Conséquence : les députés agissent plus souvent comme des godillots, obligés du monarque, que comme représentants du peuple souverain. Ce système est une anomalie démocratique.

Nous proposons de réaliser les mesures suivantes :

- Abolir la monarchie présidentielle en instaurant un régime parlementaire stable dans lequel le gouvernement détient le pouvoir exécutif et est responsable devant le Parlement, transférer le pouvoir de nomination au Parlement

- Élire l'Assemblée nationale à la proportionnelle

- Supprimer le Sénat et le Conseil économique, social et environnemental et créer une Assemblée de l'intervention populaire et du long terme émettant un avis sur l'impact écologique et social des lois

● Supprimer la Cour de justice de la République et soumettre les membres du gouvernement à la justice ordinaire

5. Une nouvelle étape des libertés et de l'émancipation personnelles

Une Constitution, c'est la garantie pour le peuple des droits et libertés qu'il se reconnaît lui-même. La 6ᵉ République sera l'occasion de consacrer de nouveaux droits civils et politiques mais aussi personnels, pour une nouvelle étape de l'émancipation humaine.

Nous proposons de réaliser les mesures suivantes:

● Constitutionnaliser la non-marchandisation du corps humain et le droit fondamental de disposer de soi en toutes circonstances: liberté de conscience, droit à la contraception et à l'interruption volontaire de grossesse, droit de mourir dans la dignité (y compris avec assistance), accès garanti à des soins palliatifs

● Autoriser le changement d'état civil libre et gratuit devant un officier d'état civil

● Établir la filiation par reconnaissance comme principe par défaut, reconnaître le droit à la procréation médicalement assistée (PMA) pour toutes les femmes, refuser la gestation pour autrui (GPA), faire prévaloir l'intérêt supérieur de l'enfant en toutes circonstances

6. Une République universelle

Aucune liberté n'est possible sans l'égalité entre les personnes. Assez tergiversé! Imposons l'égalité des droits! Punissons ceux qui veulent s'y soustraire. Faisons progresser ensemble l'égalité en droits et en faits dans tous les domaines.

Nous proposons de réaliser les mesures suivantes:

- Faire France de tout bois
  - ▶ Défendre le droit du sol intégral pour les enfants nés en France, y compris dans les Outre-mer
  - ▶ Faciliter l'accès à la nationalité française pour les personnes étrangères présentes légalement sur le territoire
  - ▶ Rétablir la carte de séjour de dix ans comme titre de séjour de référence pour les étrangers
- Abolir les ségrégations et lutter contre toutes les formes de racisme
  - ▶ Introduire le récépissé de contrôle d'identité pour interdire le contrôle au faciès
  - ▶ Assurer l'égalité réelle et combattre les discriminations fondées sur le genre, le handicap, l'apparence, la couleur de peau, l'âge, l'orientation sexuelle, la religion ou la croyance, l'origine sociale ou la fortune
- Abolir le patriarcat dans l'État et la société
  - ▶ Imposer l'égalité de conditions entre les femmes et les hommes dans les institutions politiques, administratives, économiques, syndicales et associatives
  - ▶ Renforcer la loi et les moyens contre les violences faites aux femmes
  - ▶ Généraliser le Planning familial dans ses missions de formation et d'éducation pour la contraception et le droit à l'avortement

- ▶ Adopter une loi de lutte contre le sexisme
- ▶ Abolir la prostitution et garantir la dignité de la personne humaine
- Assurer l'égalité de toutes les familles, de tous les enfants et des couples mariés et pacsés (en matière de succession, funérailles, pensions de réversion, etc.), ouvrir l'adoption plénière conjointe à tous les couples, maries ou non

7. Une République laïque

La laïcité est attaquée de toutes parts et instrumentalisée par ses adversaires historiques, intégristes religieux et racistes qui veulent aussi en faire un prétexte pour flétrir les musulmans. La laïcité est la condition de la liberté de conscience de chacun, de l'égalité et de la fraternité entre tous les citoyens quelle que soit leur option philosophique ou spirituelle. Elle rend possible une action de l'État au service de l'intérêt général.

Nous proposons de réaliser les mesures suivantes :

- Étendre le bénéfice de l'application de la loi de 1905 à tout le territoire de la République (abroger le concordat d'Alsace-Moselle et les divers statuts spécifiques en vigueur dans les Outre-mer)
- Garantir la liberté de conscience et l'égalité de toutes les options spirituelles devant la loi
- Combattre tous les communautarismes et l'usage politique des religions
- Refuser les financements publics pour la construction des édifices religieux, des activités cultuelles et des établissements confessionnels
- Refuser de rencontrer d'État à État ceux qui obligent nos

ministres femmes à porter des accoutrements contraires à la dignité républicaine

- Interdire la présence de ministres et préfets aux cérémonies religieuses et refuser le titre de «chanoine de Latran» pour le président de la République

8. La révolution citoyenne dans les médias

Il n'y a pas de démocratie possible sans information libre et pluraliste. Nos médias sont bien malades: de l'argent, de la recherche du sensationnalisme et de la tyrannie du buzz. La révolution citoyenne doit être menée sans faiblesse dans les médias!

Nous proposons de réaliser les mesures suivantes:

- Faire élire les présidents de France Télévisions et Radio France par le Parlement

- Adopter une loi anti-concentration des médias, protégeant le secteur des intérêts financiers, favorisant la transformation des médias en coopératives de salariés et de lecteurs/auditeurs/téléspectateurs et attribuer des fréquences aux médias locaux et associatifs

- Combattre la «sondocratie»: interdire les sondages dans les jours précédant les élections et adopter la proposition de loi sur les sondages votée à l'unanimité par le Sénat en 2011 et enterrée depuis

- Créer un «Conseil national des médias» à la place du Conseil supérieur de l'audiovisuel pour en faire un véritable contre-pouvoir citoyen garantissant le pluralisme des opinions et des supports, ainsi que la qualité de tous les médias

- Refonder les aides publiques à la presse pour les réserver aux médias d'information et mutualiser les outils de production (imprimeries, serveurs, distribution, etc.)
- Protéger les sources et l'indépendance des rédactions à l'égard des pouvoirs économiques et politiques par le renforcement du statut juridique des rédactions et une charte déontologique dans la convention collective

9. La République garante des biens communs

La République est un mot creux si elle ignore les conditions concrètes de la vie des gens. Elle ne peut qu'être sociale. Mais l'impératif écologique exige aussi davantage de la République et une République d'un genre nouveau. Le changement climatique menace l'existence de la vie humaine sur la planète. Tous semblables, nous sommes liés par un intérêt général humain: conserver la biosphère qui rend possible la vie humaine. Il est temps que la République soit écologiste.

Nous proposons de réaliser les mesures suivantes:

- Constitutionnaliser la règle verte: ne pas prélever sur la nature davantage que ce qu'elle peut reconstituer, ni produire plus que ce qu'elle peut supporter
- Protéger les biens communs: l'air, l'eau, l'alimentation, le vivant, la santé, l'énergie, la monnaie ne sont pas des marchandises. Ils doivent être gérés démocratiquement: le droit de propriété doit être soumis à l'intérêt général, la propriété commune protégée et les services publics développés

- Constitutionnaliser et rendre effectifs les droits au travail et au logement
- Amnistier les syndicalistes et militants associatifs condamnés pour faits de luttes sociales, écologiques ou pour la défense des libertés, protéger les lanceurs d'alerte et investir les salariés d'une mission d'alerte sociale et environnementale

10. Reconnaître la citoyenneté dans l'entreprise et des droits nouveaux aux salariés

Comme le disait Jean Jaurès, «la grande Révolution a rendu les Français rois dans la cité et les a laissés serfs dans l'entreprise». Le contrat de travail étant le seul contrat de subordination dans notre pays, il est temps de faire rentrer la citoyenneté dans l'entreprise.

Nous proposons de réaliser les mesures suivantes:

- Accorder de nouveaux droits de contrôle aux comités d'entreprise sur les finances de leur entreprise
- Instaurer le droit pour les salariés à un vote de défiance à l'égard des dirigeants d'entreprise ou des projets stratégiques
- Renforcer le pouvoir d'intervention des salariés contre les licenciements économiques par un droit de veto suspensif des comités d'entreprise

11. Une justice au nom du peuple

La justice est rendue «au nom du peuple français». Mais trop souvent, le service public de la justice ne peut assumer cette lourde tâche. Les tribunaux sont en voie de «clochardisation», les moyens humains et financiers manquent pour assurer des délais raisonnables; les justiciables, comme les professionnels de la justice, sont en droit d'exiger un effort sans précédent.

Nous proposons de réaliser les mesures suivantes:

- Garantir la protection judiciaire de la jeunesse, la justice des mineurs, la politique de prévention de la délinquance et les sanctions éducatives

- Mettre fin à la paupérisation de la justice et de l'administration pénitentiaire

  ▶ Mettre en œuvre un plan de recrutement de personnels pour désengorger les tribunaux

  ▶ Rénover et construire de nouveaux locaux pour les tribunaux

  ▶ Recruter 2 000 agents pénitentiaires pour les escortes des détenus

  ▶ Mettre fin au tout-carcéral par des peines alternatives à la prison, rénover les prisons pour garantir la dignité humaine, assurer la socialisation des détenus

- Remplacer les instructions ministérielles au Parquet par des lois d'orientation de politique pénale, débattues et votées par le Parlement

- Remplacer le Conseil supérieur de la magistrature par un Conseil supérieur de la justice désigné pour partie par les magistrats et le Parlement, devant lequel il sera responsable

- Réformer le dualisme juridictionnel en supprimant la fonction juridictionnelle du Conseil d'État et en créant une juridiction suprême commune aux deux ordres de juridictions (fusionnant la Cour de cassation et la fonction juridictionnelle du Conseil d'État)

12. Une politique antiterroriste rationnelle

La sûreté est un des droits «naturels et imprescriptibles» de l'être humain, selon la Déclaration des droits de l'homme et du citoyen de 1789. Les odieux attentats commis en France en 2015 et 2016 interrogent: comment protéger la population de meurtres terroristes? Comment garantir notre liberté dans ce contexte? En la matière, la surenchère sécuritaire ne protège pas, elle affaiblit et fait le jeu des assaillants. C'est une tout autre politique et une stratégie globale qui sont nécessaires pour vivre en paix.

Nous proposons de réaliser les mesures suivantes:

- Refuser la logique du choc des civilisations et de la «guerre intérieure», sortir des guerres déstabilisatrices et des alliances hypocrites avec les pétromonarchies du Golfe

- Améliorer la prévention en engageant une stratégie politique pour renforcer les anticorps républicains et supprimer le terreau des communautarismes par plus de République, de laïcité, d'éducation, de justice sociale et d'implication citoyenne

- Refuser la logique de l'exception pour réaffirmer l'État de droit

▶ Permettre la sortie de l'état d'urgence à l'initiative du Parlement, état qui ne protège pas mieux

▶ Faire l'évaluation des lois antiterroristes sécuritaires existantes

▶ Arrêter progressivement les opérations «Sentinelle» pour confier la sécurité des lieux publics à la police

▶ Garantir le contrôle par le juge judiciaire des opérations de lutte contre le terrorisme et augmenter les moyens de la justice antiterroriste pour garantir une lutte efficace, durable et respectueuse des droits et libertés fondamentaux

● Renforcer le renseignement territorial et humain en revenant sur la fusion de la Direction de la surveillance du territoire (DST) et des renseignements généraux (RG), en privilégiant l'infiltration par rapport au tout-technologique, en renforçant les moyens d'analyse des renseignements collectés, et imposer aux autorités chargées du renseignement de rendre compte devant une commission parlementaire permanente

● Lutter contre l'embrigadement et soutenir les démarches de signalement par les proches et les programmes de prise en charge des personnes suspectées

● Instaurer une peine de déchéance des droits civiques en cas de fraude fiscale ou d'activités illicites permettant le financement d'activités terroristes, punir les financements des trafics alimentant les réseaux terroristes et réquisitionner les entreprises qui collaborent avec les agresseurs

13. Garantir la sécurité et la sûreté

La République a besoin d'une justice. Elle a aussi besoin d'une police; une police républicaine, agissant pour protéger les libertés individuelles et collectives. La politique de sécurité doit être refondée en lien avec la population, par l'intégration des conscrits, loin des coups de menton et du «deux poids deux mesures». Objectif: une politique de sûreté publique commençant par le renforcement des services publics.

Nous proposons de réaliser les mesures suivantes:

- Refonder la politique de sûreté publique sur la base du triptyque «*prévention, dissuasion, sanction*» et réaffirmer son caractère national

  ▶ En finir avec la politique du chiffre et supprimer les primes aux résultats dont les montants seront redistribués progressivement aux différentes catégories d'agents

  ▶ Restaurer la police de proximité en refondant les objectifs des polices municipales et affirmant la distinction entre les missions nationales et locales

  ▶ Faire l'évaluation des lois sécuritaires, abroger les disposition inefficaces et renforcer les politiques de prévention

  ▶ Démanteler les BAC (Brigades anti-criminalité) qui ne font que du flagrant délit et ne permettent pas d'assurer une bonne relation entre la police et la population

  ▶ Intégrer au service public certaines fonctions de sécurité aujourd'hui privatisées (sécurité aéroportuaire notamment)

- Faire la police républicaine

  ▶ En finir avec la police et la justice à deux vitesses en augmentant nettement les effectifs de police en charge de la délinquance en col blanc en lien avec le fisc, les douanes et la justice financière

▶ Donner la priorité au démantèlement des trafics (drogues, armes, prostitution, êtres humains...) et à la lutte contre la délinquance financière, la corruption et le terrorisme

▶ Désencombrer l'action policière par la contraventionnalisation de la consommation de stupéfiants et la légalisation de l'usage du cannabis

▶ Améliorer l'accueil du public et diminuer le temps d'attente pour la prise en compte d'une plainte ainsi que les durées d'investigation ensuite, faire évaluer la police avec des questionnaires de satisfaction des usagers

▶ Apaiser les conflits existant au sein de la police par des instances de dialogue internes

▶ Réécrire le code de déontologie et insister sur son importance lors de la formation des forces de police, et rétablir les missions de «défense des libertés et de la République» supprimées par Manuel Valls en 2014

▶ Interdire les Taser et Flash-Ball, ainsi que les grenades de désencerclement pour favoriser la désescalade des affrontements

● Renforcer les moyens humains et matériels des forces de sécurité, en quantité et qualité

▶ Mettre en place un plan d'amélioration qualitative de la police et de la gendarmerie

◆ Recruter des agents administratifs pour libérer policiers et gendarmes aptes à aller sur le terrain et qui travaillent sur des postes administratifs

◆ Ramener les effectifs de policiers et gendarmes à ceux de 2007

◆ Doubler les effectifs de la police technique et scientifique

- ◆ Supprimer le statut précaire et peu qualifié des 11 000 adjoints de sécurité en permettant la formation et la titularisation de celles et ceux qui le souhaitent
- ◆ Porter à deux ans la durée de formation des élèves gardiens de la paix
- ▶ Lancer un plan de rénovation et de construction de commissariats de police pour lutter contre la «clochardisation» du bâti et l'abandon de certains territoires
- ▶ Dotation des services en moyens techniques et matériels suffisants, renouvellement général du parc informatique sous contrainte de sécurité des échanges

14. La jeunesse au service de l'intérêt général et de la sûreté de la Nation

Aujourd'hui, de nombreuses tâches indispensables à la sûreté et à l'intégrité de la Nation ne sont pas assurées. C'est vrai aussi bien du point de vue de la défense et de la sûreté que de l'intégrité écologique, de la solidarité et du secours à la population. Ces préoccupations ne peuvent être abandonnées aux marchands ni aux seuls agents des services concernés. C'est la Nation tout entière qui doit y faire face, pour les tâches civiles comme militaires.

Nous proposons de réaliser les mesures suivantes:

- ● Créer un service citoyen obligatoire
  - ▶ Pour les femmes et pour les hommes
  - ▶ Par conscription avant 25 ans, proche du lieu de vie, en limitant le «casernement» aux fonctions qui l'exigent réellement

- ▶ D'une durée totale de neuf mois, comprenant une formation militaire initiale incluant un droit à l'objection de conscience
- ▶ Rémunéré au smic
- ▶ Affecté à des tâches d'intérêt général: secours à la population, sapeurs-pompiers, sécurité publique, défense, sécurité civile, protection et réparation de l'environnement, appui à des associations labellisées d'intérêt général
- ▶ Présence sur tout le territoire, y compris les Outre-mer, les zones rurales et les quartiers populaires
- ▶ Comprenant un bilan de santé, une évaluation des capacités d'écriture, de lecture et de calcul avec leur éventuelle mise à niveau, la formation gratuite à la conduite et le passage de l'examen du permis de conduire
- Créer une garde nationale placée sous commandement civil et composée
  - ▶ Des jeunes en service citoyen obligatoire ayant choisi d'intégrer la réserve pour la protection de la sûreté et de l'intégrité de la Nation
  - ▶ Des unités existantes labellisées: réserve de sécurité nationale, réserve de sécurité civile, réserve citoyenne

15. L'égalité réelle pour les Outre-mer

Les Outre-mer sont la chance de la France. Ils pourraient être des pointes avancées de la planification écologique et du progrès humain. Au lieu de se développer de manière endogène, ils sont maintenus dans la dépendance d'un système inégalitaire d'économie de comptoir et de pauvreté de masse. La République doit vivre partout et pour tous!

Nous proposons de réaliser les mesures suivantes:

- ● Faire vivre la République, l'égalité, le métissage et le droit du sol contre le racisme et l'ethnicisme
  - ▶ Assurer la tenue démocratique du référendum d'autodétermination prévu en Nouvelle-Calédonie en 2018
  - ▶ Étendre la laïcité dans les Outre-mer, en appliquant la loi de 1905 là où elle ne l'est pas
  - ▶ Soutenir l'enseignement des langues et cultures d'Outre-mer pour ceux qui en font la demande, et mettre en valeur avec les populations la diversité des patrimoines culturels et linguistiques qu'apportent les Outre-mer
- ● Faire des Outre-mer des territoires pilotes de la planification écologique
  - ▶ Élaborer et mettre en œuvre un plan d'autonomie énergétique de chaque territoire d'Outre-mer à partir des énergies renouvelables disponibles, terrestres (géothermie, solaire, éolien) et marines (éolien, utilisant les différences de températures...)
  - ▶ Faire des Outre-mer des territoires pilotes de l'économie de la mer, doter chacun d'eux d'au moins un lycée professionnel maritime et des formations supérieures nécessaires à ce développement
  - ▶ Préserver les trésors de biodiversité des Outre-mer (renforcer les moyens d'études et de protection)
- ● Assurer l'égalité et la présence de l'État
  - ▶ Garantir la continuité territoriale (desserte de service public à tarifs réglementés), l'interconnexion régionale et le désenclavement intraterritorial (en Guyane notamment)

▶ Engager un plan pluriannuel d'investissement et de développement des services publics (transports, éducation, santé, logement, culture)

▶ Supprimer les exemptions fiscales bénéficiant aux ultra-riches pour les investissements outre-mer (notamment sur l'ISF)

● Favoriser un développement endogène en rupture avec le modèle actuel d'économie de comptoir

▶ Libérer les Outre-mer des monopoles privés et de la captation de la richesse par la rente en développant des circuits de distribution publics et la production en coopératives

▶ Protéger les économies locales par un bouclier douanier: préserver l'octroi de mer et renforcer la protection commerciale des productions locales (taxe kilométrique pour promouvoir les productions locales, privilégier les importations à faible empreinte écologique, préférence commerciale pour les produits d'Outre-mer en métropole et en Europe, partenariats commerciaux équilibrés avec les voisins régionaux)

▶ Atteindre l'autosuffisance alimentaire en soutenant le développement d'une agriculture écologique et paysanne et des filières de transformation agro-alimentaire locales

● Faire des Outre-mer des leviers d'alternative à l'échelle mondiale

▶ Faire des Outre-mer des pôles régionaux de codéveloppement: transfert de technologie auprès des pays voisins, aide logistique et scientifique, investir dans des établissements de formation de haut niveau (santé) bénéficiant à la fois aux étudiants ultra-marins et à ceux des pays voisins

▶ Rejoindre les coopérations régionales dans une démarche de codéveloppement écologique, social et de progrès humain: par exemple l'ALBA (Alliance bolivarienne pour les peuples de notre Amérique) pour les Antilles et la Guyane française, l'Afrique australe pour Mayotte et La Réunion, etc.

▶ Construire des points d'appui des combats écologiques d'intérêt universel: appui à la préservation des forêts (Guyane pour l'Amazonie); appui aux populations du Pacifique et de l'océan Indien menacées par la montée des eaux; défense des fonds marins contre la prédation pétrolière et la pêche industrielle

L'urgence sociale

PROTÉGER ET PARTAGER

La France est le pays d'Europe qui compte le plus de millionnaires (plus de deux millions de personnes). Conséquences: la pauvreté gagne du terrain, le chômage se généralise, l'État se disloque, les services publics reculent. Comment sortir de cette spirale?

L'appauvrissement des classes moyennes et les misères du peuple n'ont rien de fatal. Notre pays n'a jamais été aussi riche. Il est donc temps de se donner les moyens de partager la charge de travail nécessaire.

Protégeons de la finance les salariés et la production en France. Révolutionnons les impôts pour que tout le monde paye, et que chacun le fasse selon ses moyens réels.

Jean-Luc Mélenchon

16. Mettre fin au pillage économique de la Nation

Le règne de l'oligarchie est aussi celui du pillage sans limite ni honte des biens publics. Infrastructures, services publics, fleurons industriels ou technologiques, industries de souveraineté: combien de privatisations à vil prix, de «partenariats» abusifs, d'argent confisqué, voire détourné? L'intérêt général doit être défendu et protégé de ses adversaires par la loi et la justice.

Nous proposons de réaliser les mesures suivantes:

- Créer une mission parlementaire spéciale pour faire le bilan de toutes les privatisations et faveurs fiscales décidées au cours des trois décennies passées

- Revenir sur les programmes de privatisation (aéroports, autoroutes, parts publiques, etc.)

- Décréter un moratoire sur les partenariats public-privé (PPP), abroger les dispositions législatives les permettant et pratiquer un audit de ceux qui sont en cours

- Mettre en place une commission d'enquête parlementaire sur le pillage économique et industriel des dernières années (abandons de fleurons comme Alstom, Alcatel, EADS...) et permettre la mise en examen et la détention préventive des suspects

- Poursuivre les atteintes aux «éléments essentiels du potentiel scientifique et économique» faisant partie des «intérêts fondamentaux de la Nation», selon l'article 410-1 du Code pénal

● Rendre effectif le droit de réquisition des entreprises d'intérêt général par l'État

17. Instaurer un protectionnisme solidaire pour produire en France

L'économie productive et l'emploi sont attaqués. La libre-circulation des capitaux et des marchandises dans l'Union européenne et le monde entier donne tout pouvoir à la finance contre les productifs, aux multinationales contre les PME, et aux actionnaires contre les salariés. Bilan: des droits sociaux soumis au chantage permanent du dumping, un bilan écologique désastreux, une industrie dévastée, une agriculture désorganisée, des régions entières condamnées. Le grand déménagement du monde doit cesser. Il faut relocaliser les productions. Nous avons besoin d'un protectionnisme solidaire au service de l'intérêt général contre les multinationales et la mondialisation financière. La défense de notre souveraineté industrielle est une condition indispensable à la fondation de nouvelles coopérations internationales.

Nous proposons de réaliser les mesures suivantes:

● Faire l'inventaire et l'évaluation des accords déjà appliqués pour construire une autre politique internationale des échanges commerciaux, basée sur la coopération et inspirée de la charte de La Havane, permettant de pratiquer des politiques de protection des droits sociaux et de l'emploi

● Adopter des mesures anti-dumping d'urgence sur les industries stratégiques (acier, photovoltaïque...), augmenter immédiatement les droits de douane pour les pays aux droits sociaux limités (travail des enfants, absence de droits syndicaux), prendre des mesures de rétorsion commerciales contre les paradis fiscaux

- Imposer le respect de normes sociales et écologiques pour la commercialisation des produits importés en france

- Réviser le Code des marchés publics pour favoriser les entreprises de l'économie sociale et solidaire, les produits et services écologiques, l'activité locale

18. Engager un plan de relance de l'activité et de l'emploi au service de la transition écologique

La bifurcation écologique et la révolution numérique imposent des investissements massifs pour changer les modes de production, d'échange et de consommation. Ce serait un levier formidable pour créer des emplois de qualité et vivre mieux, alors que le chômage atteint un niveau sans précédent. Nicolas Sarkozy et François Hollande ont créé un chômeur de plus toutes les deux minutes depuis dix ans. L'appareil de production français souffre de sous-investissement malgré les milliards d'euros offerts au Medef. Et les infrastructures publiques, tel le réseau ferré, sont abandonnées en silence. Un plan de relance massif est vital à brève échéance.

Nous proposons de réaliser les mesures suivantes:

- Injecter 100 milliards d'euros supplémentaires dans l'économie pour des investissements écologiquement et socialement utiles

- Transformer les 41 milliards d'euros annuels du pacte

de responsabilité et du crédit d'impôt compétitivité (soit 2% du PIB chaque année, 200 milliards d'euros sur un quinquennat) pour financer la transition énergétique et les activités socialement utiles

● Remettre à plat l'ensemble des aides publiques et exonérations d'impôt ou de cotisation accordées aux entreprises, évaluer leur efficacité, et revenir sur les aides antisociales et anti-écologiques

● Réindustrialiser le pays par l'investissement, le rétablissement de plans de filières pour coordonner donneurs d'ordres et sous-traitants, clients et fournisseurs (par exemple SNCF et Alstom pour la filière ferroviaire, etc.), la création de pôles publics dans l'énergie ou les transports, la défense des industries stratégiques et la reconstruction de conglomérats combinant plusieurs activités

19. Mettre au pas la finance

La finance a mis par terre l'économie réelle en 2008. Elle devait être «l'adversaire» du président sortant. Elle ne s'est jamais aussi bien portée et les revenus des actionnaires n'ont jamais été aussi élevés en France. Notre pays a le record d'Europe du versement de dividendes! De nouvelles bulles se forment et menacent d'une déflagration encore plus terrible. Il est plus que temps d'agir!

Nous proposons de réaliser les mesures suivantes:

● Séparer les banques d'affaires et de détail

● Contrôler les mouvements de capitaux

● Instaurer une taxe réelle sur les transactions financières

● Interdire les ventes de gré à gré et la titrisation, plafonner les effets de levier et les rendements actionnariaux exorbitants

- Identifier et interdire les produits dérivés toxiques et inutiles au financement ou à la couverture des flux économiques réels

- Engager les procédures de recouvrement des 2,2 milliards d'euros d'argent public accordés sans preuve à la Société générale suite à l'affaire Kerviel, évaluer les actes comparables et poursuivre les coupables de ces abus

20. Définanciariser l'économie réelle

Les financiers étranglent chaque jour les PME et les ménages. Les actionnaires exigent des taux de rendement intenables, obtenus au détriment des droits sociaux et de l'appareil de production. Ils imposent la tyrannie du temps court sur le temps long de l'activité humaine et de l'impératif écologique. Il faut leur reprendre le pouvoir.

Nous proposons de réaliser les mesures suivantes:

- Mettre fin à la cotation continue des entreprises en Bourse

- Moduler les droits de vote des actionnaires selon la durée d'engagement dans l'entreprise en réservant le droit de vote aux actionnaires acceptant de s'engager sur une durée de présence

- Moduler l'impôt sur les sociétés selon l'usage des bénéfices pour encourager l'investissement en France: un taux réduit pour les bénéfices réinvestis en France, un taux plein pour les bénéfices distribués aux actionnaires

- Augmenter la mise en réserve légale (aujourd'hui à seulement 5% des bénéfices) qui oblige l'entreprise à conserver une part de son résultat plutôt que de le distribuer entièrement en dividendes
- Interdire aux entreprises de distribuer un montant de dividendes supérieur à leur bénéfice et donc d'emprunter pour distribuer des dividendes
- Limiter les LBO aux seules procédures de reprise des entreprises par les salariés (*Leveraged Buy Out*, mécanisme financier permettant aujourd'hui à quelques actionnaires de faire main basse sur une entreprise)

21. Mobiliser l'argent pour financer les petites et moyennes entreprises et la création d'emplois

Chaque jour les petites entreprises meurent faute d'être soutenues par les banques. À l'inverse, des milliards d'euros sont perdus sans contrôle ni contrepartie industrielle, sociale ou écologique. Finançons enfin l'économie réelle et les PME, pas les multinationales et les actionnaires!

Nous proposons de réaliser les mesures suivantes:

- Créer un pôle public bancaire notamment par la socialisation de banques généralistes, en vue de financer les entreprises et de mener une politique du crédit sur critères sociaux et écologiques
- Accorder une licence bancaire à la Banque publique d'investissement dans son ensemble (groupe Bpifrance) pour lui permettre de se financer auprès de la Banque centrale

- Financer l'escompte des PME à taux zéro par le pôle financier public

- Réserver l'avantage fiscal de l'assurance-vie aux fonds investis en France

- Encadrer la sous-traitance et étendre la responsabilité juridique, sociale et écologique des donneurs d'ordre

- Créer un fonds de solidarité interentreprises pour mutualiser la contribution sociale entre toutes les entreprises, mettre à contribution les grandes entreprises et les groupes pour soulager les PME et assurer la solidarité financière entre donneurs d'ordres et sous-traitants. Il sera financé grâce à une contribution des entreprises selon un barème progressif

22. Protéger et généraliser l'économie sociale et solidaire et l'économie collaborative

Face à la prédation de la finance et à la dictature des actionnaires, une autre économie est possible! Elle existe déjà, avec des centaines de milliers d'entreprises et des millions d'emplois. Elle doit être développée et renforcée. La révolution numérique peut être un levier pour de nouvelles activités réellement collaboratives. Mais cela suppose de ne pas laisser le champ libre aux multinationales et aux stratégies lucratives ou d'évasion fiscale qui prévalent aujourd'hui.

Nous proposons de réaliser les mesures suivantes:

- Reconnaître un droit de préemption aux salariés pour former une coopérative en cas de fermeture ou de vente de leur entreprise

- Généraliser l'économie sociale et solidaire, garantir son accès au financement et aux marchés publics
- Encadrer le développement des activités liées à l'économie collaborative pour préserver le caractère de «partage» et d'utilité sociale contre la privatisation, l'évasion fiscale, la concurrence déloyale et stopper l'«ubérisation» des activités

23. Empêcher les licenciements boursiers dans l'entreprise pour conserver et développer l'emploi

Relancer l'économie ne suffira pas à créer des emplois, si les logiques financières continuent de dominer et si les actionnaires continuent d'avoir tous les droits dans la gestion des entreprises. Pour que l'activité économique soit créatrice d'emplois, utile écologiquement et socialement, il est indispensable de donner de nouveaux droits aux salariés et à leurs représentants dans les entreprises.

Nous proposons de réaliser les mesures suivantes:

- Interdire les licenciements boursiers
- Interdire le versement de dividendes dans les entreprises ayant recours à des licenciements économiques
- Accorder un droit de veto suspensif aux comités d'entreprise sur les plans de licenciements, réformer les tribunaux de commerce et les procédures de redressement et liquidation d'entreprise pour donner plus de pouvoirs aux salariés et à leurs représentants, refondre la procédure judiciaire de contestation des licenciements economiques pour qu'ils ne puissent être effectifs avant épuisement des recours

- Refonder le recours à la rupture conventionnelle pour empêcher les licenciements déguisés

- Garantir et renforcer les pouvoirs de l'Inspection du travail et des instances représentatives de salariés, doubler les effectifs de l'Inspection du travail pour lui permettre d'être plus efficace dans la protection de l'emploi et des salariés, dans la lutte contre la souffrance au travail et dans l'assistance juridique aux PME

24. Abroger la loi El Khomri

Le mouvement social contre la loi El Khomri a montré combien les luttes sociale et républicaine sont liées. La loi El Khomri a mis fin à la hiérarchie des normes sociales. Désormais, un accord d'entreprise peut s'imposer même si un accord de branche ou la loi sont plus favorables aux salariés. Cela devra être supprimé. C'est la porte ouverte au dumping à l'intérieur d'une même branche entre entreprises et à la régression de tous les droits des salariés. L'accord d'entreprise ne doit primer que s'il est plus favorable aux salariés. Il en va de l'égalité des salariés et de la justice entre les entreprises. Nous rétablirons la hiérarchie des normes sociales et le principe de faveur.

25. Éradiquer la précarité, respecter les métiers et les travailleurs

85 % des contrats signés sont aujourd'hui des contrats précaires (CDD, intérim, etc.). Sans compter les temps partiels contraints, quasi exclusivement occupés par

des femmes, qui ne permettent pas une paye suffi-
sante pour vivre dignement. Cette vision «jetable»
des salariés dévalorise le travail, nie les métiers et
les savoir-faire. C'est humainement destructeur et
économiquement nuisible.

Nous proposons de réaliser les mesures suivantes:

- Réaffirmer dans les faits le CDI comme norme du contrat de travail

- Instaurer un quota maximum de contrats précaires dans les entreprises: pas plus de 10% de contrats précaires dans les PME, pas plus de 5% de contrats précaires dans les grandes entreprises

- Faciliter la requalification en contrat de travail salarié des auto-entrepreneurs à client unique et des collaborateurs exclusifs des plateformes dites collaboratives (Uber...)

- Lutter contre le temps partiel contraint qui touche 80% des femmes

- Régulariser les travailleurs sans-papiers pour assurer l'égalité sociale entre travailleurs

- Titulariser tous les précaires des trois fonctions publiques

26. Construire un nouveau statut protecteur pour les travailleurs: la Sécurité sociale intégrale

La précarité ne doit pas seulement être stoppée
dans l'urgence. Elle doit être éradiquée. La peur du
lendemain gangrène tout. Survivre n'est pas vivre.
De nombreuses propositions sont sur la table pour
construire une nouvelle ère protectrice pour les travail-
leurs, salariés et non salariés.

Nous proposons de réaliser les mesures suivantes :

● Assurer la continuité des droits personnels hors du contrat de travail (droit à la formation, ancienneté, etc.)

● Garantir la continuité du revenu en cas de perte d'emploi ou de retrait d'activité, dans le cadre d'une Sécurité sociale professionnelle

● Établir le «droit opposable à l'emploi» en faisant de l'État l'employeur en dernier ressort: en cas de chômage de longue durée, l'État doit proposer un emploi au chômeur en lien avec sa qualification, sur une mission d'intérêt général. L'indemnisation par l'allocation-chômage se poursuit jusqu'à ce qu'un tel emploi soit proposé par l'État

● Refonder le service public de l'emploi en identifiant clairement chacune des missions (conseil et accompagnement; indemnisation; orientation et formation professionnelle)

● Donner la liberté aux artisans, commerçants, indépendants, chefs d'entreprise et auto-entrepreneurs de s'affilier au régime général de la Sécurité sociale plutôt qu'au Régime social des indépendants (RSI)

27. Donner aux jeunes les moyens de leur autonomie

Les jeunes commencent leur vie par un parcours d'obstacles: difficulté à payer leurs études, à trouver un premier emploi ou à accéder à un logement, etc. Les jeunes des classes populaires sont les plus frappés, mais ils sont loin d'être les seuls concernés. L'autonomie est un droit, l'État doit la rendre possible!

Nous proposons de réaliser les mesures suivantes:

● Instaurer une allocation d'autonomie pour les jeunes de 18 à 25 ans, d'une durée de trois ans, sous réserve d'une formation qualifiante et sous condition de ressources

● Remplacer les «emplois d'avenir» par un «contrat jeune» d'une durée de cinq ans, dans le secteur non marchand et public, ouvrant droit à une formation qualifiante en alternance ou à une préparation aux concours de la fonction publique

28. Réduire le temps de travail, travailler moins pour travailler tous

Pourquoi tant de gens s'épuisent au travail alors que d'autres s'épuisent à essayer d'en trouver? Le progrès technique et la productivité des travailleurs français permettent au contraire de travailler tous en travaillant moins. La réduction du temps de travail est un objectif historique particulièrement pertinent en ces temps de révolution technologique. Mais c'est aussi la politique la plus juste, la plus efficace et la moins coûteuse contre le chômage.

Nous proposons de réaliser les mesures suivantes:

● Généraliser une 6ᵉ semaine de congés payés pour tous les salariés

● Appliquer réellement et immédiatement les 35 heures:

  ▶ Majorer les heures supplémentaires (25 % pour les 4 premières et 50 % et plus au-delà)

  ▶ Revenir sur la flexibilisation, l'annualisation, l'intensification et les horaires fractionnés

  ▶ Revenir sur le forfait-jour et le limiter aux seuls cadres dirigeants

▶ Revenir sur les élargissements du travail du dimanche

● Convoquer une conférence nationale sur le partage du temps de travail et l'impact du progrès technologique, favoriser le passage à la semaine de quatre jours pour aller vers les 32 heures et appliquer les 32 heures pour les salariés en travail de nuit et les métiers pénibles

● Harmoniser les temps sociaux (par jour/semaine/année/vie): installer des bureaux du temps ayant pour mission l'évaluation de la synchronie des temps sociaux constatés (concordance entre les horaires de travail et de garde d'enfant, par exemple), l'aide à la formulation des demandes pour l'organisation de la réduction des temps de transport emploi-domicile et de bourse d'échange d'emplois

29. Instaurer un salaire maximum autorisé pour les dirigeants d'entreprise

Les inégalités ont explosé ces dernières années. Les revenus des dirigeants des grandes entreprises sont chaque fois un peu plus indécents. Que font donc ces gens pour mériter de tels salaires? N'y a-t-il pas moyen de faire le travail de meilleure façon et pour moins cher? Bien sûr que si! Les actionnaires ont montré qu'ils ne voulaient pas limiter les rémunérations des grands patrons. La loi doit donc le faire!

Nous proposons de réaliser les mesures suivantes:

● Fixer un salaire maximum autorisé pour limiter l'écart de 1 à 20 entre le salaire le plus bas et le salaire le plus haut dans une entreprise

● Interdire les parachutes dorés et les retraites chapeaux

● Supprimer les stock-options

30. Augmenter les salaires

Aujourd'hui, un salarié au smic gagne à peine plus que le seuil de pauvreté. Et encore, à condition d'avoir un emploi à temps complet et non un temps partiel. C'est inadmissible. Le travail est la source de la création des richesses, les travailleurs doivent obtenir leur dû. Leur dignité et leur droit à l'existence doivent être garantis. L'augmentation du smic est une mesure de justice sociale. Mais combinée au protectionnisme solidaire, c'est aussi une mesure efficace de relance écologique de l'activité: c'est permettre aux salariés de consommer des produits de meilleure qualité et locaux.

Nous proposons de réaliser les mesures suivantes:

- Augmenter immédiatement le smic net mensuel de 16% pour le porter à 1326 euros net pour 35 heures

- Engager une revalorisation des salaires des fonctionnaires, gelés depuis 2010

31. Restaurer le droit à la retraite à 60 ans, augmenter les petites pensions

François Hollande s'est vanté auprès de la Commission européenne d'avoir repoussé l'âge de la retraite à 66 ans! En effet, il a validé le report de l'âge de départ à 62 ans décidé par Nicolas Sarkozy en 2010. Et il a rendu encore plus inaccessibles les conditions pour avoir une retraite à taux plein en allongeant la

durée de cotisations à quarante-trois ans ! Au point que
de plus en plus de personnes partent à la retraite avec
une pension amputée par les décotes et le manque
de trimestres, du fait du chômage et de la précarité.
C'est injuste. Pourtant, l'argent existe pour financer les
retraites, augmenter les pensions et rétablir le droit au
départ à 60 ans.

Nous proposons de réaliser les mesures suivantes :

- Restaurer le droit à la retraite à 60 ans à taux plein, ramener la durée de cotisation pour une retraite complète à quarante ans

- Revaloriser les pensions de retraite au niveau du smic pour une carrière complète et porter le minimum vieillesse au niveau du seuil de pauvreté

- Assurer le financement durable des régimes de retraites solidaires, intergénérationnelles et par répartition, par la mise à contribution des revenus financiers des entreprises, par l'augmentation du nombre de cotisants et de l'assiette des cotisations (créations d'emplois, hausse des salaires, recul de la précarité, hausse de l'activité des femmes, etc.) et de leur taux, la fin des exonérations fiscales pour les régimes de retraite par capitalisation

32. Réprimer les inégalités femmes-hommes dans les entreprises

L'égalité entre les femmes et les hommes n'est pas une
question morale. Ce n'est pas non plus seulement une
question institutionnelle ou sociétale. C'est d'abord
une question sociale ! Aujourd'hui encore, à postes

et qualifications équivalents, les femmes sont moins payées que les hommes. Et la maternité reste un «risque» pour la carrière de nombreuses femmes. Cela suffit. Il est plus que temps d'agir et de contraindre ceux qui ne veulent pas de l'égalité !

Nous proposons de réaliser les mesures suivantes:

● Étendre à toutes les entreprises l'obligation d'adopter un plan ou un accord d'entreprise contre les inegalités de salaires et de carriere entre hommes et femmes, aujourd'hui limitée aux entreprises de plus de 50 salaries

● Augmenter les sanctions financières et pénales contre les entreprises qui ne respectent pas cette égalité, pouvant aller jusqu'à l'interdiction d'accès aux marchés publics

● Revaloriser les métiers occupés majoritairement par des femmes (qualifications, grilles salariales...) et agir pour l'égal accès à toutes les formations et à tous les métiers

● Favoriser des congés parentaux de durée identique entre les parents

33. Éradiquer la pauvreté

9 millions de personnes vivent sous le seuil de pauvreté en France, soit avec moins de 1000 euros par mois. Des centaines de milliers de personnes tentent de survivre avec à peine quelques centaines d'euros par mois. Notre pays et nos villes comptent de nombreuses personnes sans abri abandonnées à elles-mêmes, faute d'intervention des pouvoirs publics. Le recul des services publics et la précarisation des conditions de vie ont fait exploser la pauvreté. On ne peut pas vivre heureux dans un océan de malheur. La République doit faire cesser ce scandale!

Nous proposons de réaliser les mesures suivantes:

- Créer un Plan personnalisé contre la pauvreté (PPP) prenant en compte la situation des personnes dans leur globalité (revenus, état de santé, insertion profession-nelle, logement, etc.)

- Créer une «garantie dignité» en revalorisant les minima sociaux (aucun niveau de vie en dessous du seuil de pauvreté)

- Restructurer les emprunts des ménages surendettés et garantir à tous l'accès effectif aux services bancaires de base

- Atteindre l'objectif de zéro sans-abri: chacun doit se voir proposer un hébergement d'urgence ou un logement et un accompagnement durable

- Instaurer la gratuité de l'accès et des quantités d'eau, électricite et gaz indispensables à une vie digne en commençant par faire appliquer l'interdiction de coupure d'eau et de réduction de débit au domicile principal

- Lutter contre le non-recours aux droits sociaux et civiques par la simplification des démarches et des critères, et le retrait de contreparties pour l'attribution du RSA, qui sera de nouveau financé par l'État. Mobiliser les volon-taires nationaux pour inscrire ou réinscrire 100% de la population majeure sur les listes électorales et vérifier ses droits sociaux

34. Garantir le droit effectif au logement

30000 enfants vivent sans abri fixe dans notre pays. Près de 1 million de personnes n'ont pas de logement personnel, 4 millions sont mal logées, 12 millions sont menacées d'un problème lié à leur logement. Les loyers s'envolent dans les grandes villes. Le libre marché et les allégements fiscaux ne permettront pas de régler le problème, au contraire.

Nous proposons de réaliser les mesures suivantes:

- Interdire les expulsions locatives sans relogement
- Construire 200000 logements publics par an pendant cinq ans aux normes écologiques
- Mettre en place une garantie universelle des loyers pour favoriser l'accès de tous au logement, par l'intermédiaire d'une caisse de solidarité alimentée par les bailleurs comme le défend la Confédération nationale du logement
- Lancer un plan d'éradication du logement insalubre, de renouvellement urbain et de construction de logements sociaux en renforçant les sanctions des communes trop faiblement dotées en parc social
- Imposer les hautes transactions immobilières par une taxe progressive
- Soutenir les projets d'habitat participatif et coopératif

35. Refuser le chantage à la dette publique

L'argent existe pour vivre mieux. La France n'a jamais été aussi riche de son histoire. La dette n'est pas un problème. Son montant est tout à fait supportable une fois ramené à sa durée de vie reelle: plus de sept ans. Mais l'État a été volontairement appauvri par des cadeaux fiscaux aux plus fortunés, à la finance et aux grands groupes. Certains ont même gagné deux fois: ils ont pu prêter à l'État les impôts épargnes et empocher au passage des intérêts! Ce chantage et ce rançonnage doivent cesser!

Nous proposons de réaliser les mesures suivantes:

- Réaliser un audit citoyen de la dette publique pour déterminer la part illégitime et préparer un réaménagement négocié (échelonnement des remboursements, baisse des taux d'intérêt, annulation partielle...)
- Faire racheter la dette publique par la Banque centrale

36. Faire la révolution fiscale

De l'argent, il y en a. Mais il est capté par les uns au lieu d'être mis au service de l'intérêt général par l'impôt. Le système fiscal est à bout de souffle: injuste, plein de «niches» et de trous, tel un gruyère. Il doit être entièrement refondé sur des bases claires, lisibles, en appliquant le principe de la progressivité qui veut que plus on gagne d'argent, plus on contribue au bien public.

Nous proposons de réaliser les mesures suivantes:

● Refonder l'imposition sur les revenus grâce à un impôt citoyen garantissant les recettes de l'État et celles de la Sécurité sociale et en conservant leur affectation distincte.

▶ Imposer les revenus du capital comme ceux du travail par une assiette large et unifiée

▶ Rendre l'impôt sur les revenus plus progressif avec un barème à 14 tranches contre 5 aujourd'hui : tout le monde doit payer et chacun selon ses moyens réels

▶ Instaurer un revenu maximum autorisé : 100 % d'impôt pour la tranche au-dessus de 20 fois le revenu médian, soit 400 000 euros de revenus annuels (33 000 euros par mois)

▶ Mettre fin au quotient conjugal, système patriarcal favorisant les inégalités salariales entre les femmes et les hommes

▶ Remplacer l'injuste quotient familial fiscal actuel par un crédit d'impôt par enfant

● Évaluer chacune des niches fiscales et supprimer les niches injustes, inefficaces socialement ou nuisibles écologiquement

● Refonder l'impôt sur les sociétés pour établir l'égalité devant l'impôt entre PME et grands groupes, instaurer un barème progressif et favoriser l'investissement plutôt que la distribution de dividendes

● Renforcer l'impôt de solidarité sur la fortune (ISF)

● Augmenter les droits de succession sur les gros patrimoines et créer un héritage maximum pour les fortunes les plus importantes (égal au patrimoine des 0,01 % les plus riches, soit 33 millions d'euros en 2012)

- Réduire la TVA sur les produits de première nécessité, revenir sur les hausses récentes et réinstaurer une «TVA grand luxe» pour financer ces baisses

37. Terrasser l'évasion et la fraude fiscales

La révolution fiscale n'est possible que si on mène en parallèle une lutte sans merci contre les déserteurs fiscaux. La fraude et l'évasion fiscales représentent un manque à gagner de 80 milliards d'euros pour l'État! Il faut aller chercher l'argent là où il est!

Nous proposons de réaliser les mesures suivantes:

- Mettre en place la taxation différentielle permettant de soumettre chaque citoyen français aux impôts français quel que soit son pays de résidence

- Obliger les entreprises à déclarer leurs résultats pays par pays et taxer les bénéfices des entreprises là où ils sont réalisés

- Interdire aux banques françaises toute activité dans les paradis fiscaux en retirant les licences bancaires des établissements récalcitrants

- Agir contre l'évasion fiscale au niveau international, notamment en organisant le blocus des paradis fiscaux

- Renforcer les moyens humains et techniques de l'administration fiscale et des douanes dans la lutte contre la fraude et l'évasion fiscales

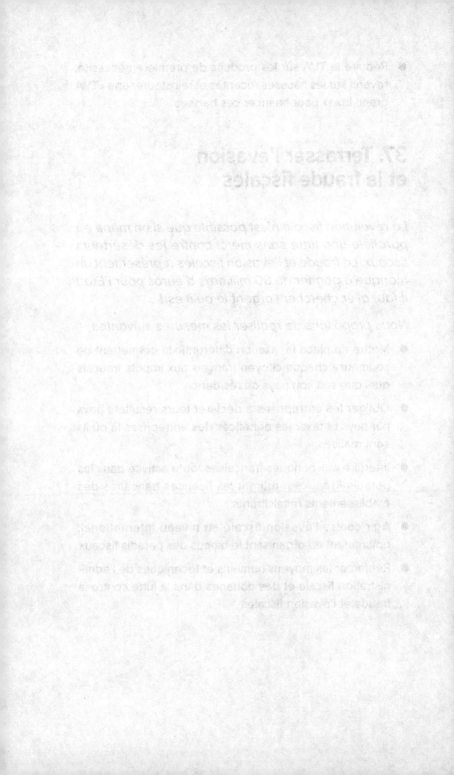

L'urgence écologique

LA PLANIFICATION ÉCOLOGIQUE

Le changement climatique a commencé et s'accélère. Il menace de détruire le seul écosystème compatible avec la vie humaine. Comment empêcher la catastrophe?

La transition énergétique est vitale! Il s'agit de répondre ici et maintenant à l'intérêt général humain face au dérèglement climatique. Ce grand changement doit modifier tous les compartiments de la vie de notre société par une planification écologique.

Nous savons bien que tout cela nécessite des investissements massifs, une abondante main-d'œuvre qualifiée et bien payée. Mais l'exigence écologique ne peut être réduite à des proclamations et des mesures qui épargnent le système. La finance n'en veut pas: elle préfère les grands rendements de la spéculation. La définanciarisation de l'économie est une condition incontournable de la transition écologique.

Jean-Luc Mélenchon

L'urgence écologique

LA PLANIFICATION ÉCOLOGIQUE

Le changement climatique a commencé et a déjà fait. Il menace de détruire le seul écosystème compatible avec la vie humaine. Comment empêcher la catastrophe?

La transition énergétique est vitale. Il s'agit de répondre, d'en maintenir et d'enrayer en général l'emballement général du dérèglement climatique. Ce grand changement doit modifier tous les comportements, la vie de notre société par une planification écologique.

Nous savons bien que tout cela nécessite des investissements massifs, une abondante main-d'œuvre qualifiée et bien gérée. Mais l'écologie écologique ne peut être réduite à ces protections et à des mesures qui aggravent le système. La finance n'en veut pas: elle préfère les profits, rendements de la spéculation. La démondialisation de l'économie est une condition incontournable de la transition écologique.

Jean-Luc Mélenchon

38. La transition écologique, enjeu central

Pour les tenants du système, l'écologie est une question à part. C'est tout l'inverse. L'urgence écologique est une question fondamentale. C'est autour et à partir de l'exigence écologique que doit se penser toute la politique de la Nation. Pour cela, la préoccupation écologique doit être inscrite au sommet de la hiérarchie des normes et de l'activité de l'État. Le temps de l'écosystème, c'est le temps long. Le temps court de la finance et du productivisme saccage tout. La reconquête du temps long est la principale exigence. C'est le but de la planification écologique: mettre en cohérence dans le temps et dans l'espace les mesures nécessaires pour faire bifurquer le modèle de production, de consommation et d'échanges.

Nous proposons de réaliser les mesures suivantes:

- Constitutionnaliser la règle verte: ne pas prélever sur la nature davantage que ce qu'elle peut reconstituer ni produire plus que ce qu'elle peut supporter

- Adopter une loi-cadre instaurant une planification écologique, démocratique et articulant les niveaux national et local

- Créer une fonction de délégués départementaux à l'écologie chargés d'alerter sur les dysfonctionnements, sur le modèle des délégués départementaux de l'Éducation nationale

39. 100% d'énergies renouvelables en 2050

Le changement climatique impose de sortir des énergies émettrices de gaz à effet de serre. Le nucléaire n'est pas une solution d'avenir. Il ne règle aucune question: ni l'indépendance d'approvisionnement, ni la sûreté des installations, ni la gestion des déchets, ni les coûts financiers. Il faut donc sortir des deux à la fois. C'est un horizon technique et humain enthousiasmant. Plusieurs études (NegaWatt, Ademe...) ont montré que c'est possible d'ici 2050. Ne manque que la volonté politique. Nous l'avons.

Nous proposons de réaliser les mesures suivantes:

- Adopter un plan de transition énergétique avec un double axe sobriété/efficacité énergétique et transition vers les énergies renouvelables
  - ▶ Développer l'ensemble des énergies renouvelables
  - ▶ Sortir des énergies carbonées en commençant par l'arrêt des subventions aux énergies fossiles et de toute exploration de gaz et pétrole de schiste et de houille
  - ▶ Stopper la privatisation des barrages hydroélectriques
- Sortir du nucléaire
  - ▶ Fermer immédiatement Fessenheim en garantissant l'emploi des salariés et leur formation pour en faire un site pilote du démantèlement
  - ▶ Abandonner l'opération du grand carénage visant à prolonger la vie des centrales nucléaires au-delà de quarante ans
  - ▶ Abandonner les projets d'EPR (Flamanville et Hinkley Point) et d'enfouissement des déchets nucléaires à Bure

▶ Rendre publiques les données sur l'enfouissement des déchets nucléaires depuis soixante ans et informer sur les dangers sanitaires avérés et/ou éventuels

● Créer un pôle public de l'énergie pour mener une politique cohérente, en renationalisant EDF et Engie (ex-GDF) en lien avec des coopératives locales de production et de consommation d'énergies renouvelables et en favorisant l'autoproduction et le partage des excédents

● Revenir sur la libéralisation du marché de l'électricité et abroger la loi NOME

40. Plan de rénovation écologique de tout le bâti

Le bâti est un des principaux émetteurs de gaz à effet de serre. Les logements passoires thermiques restent très nombreux, pénalisant financièrement ceux qui les occupent (propriétaires et locataires). Les dispositifs existants ne sont pas assez efficaces: trop dispersés, trop dépendants de l'action individuelle des propriétaires. Un véritable plan doit être mis en place pour changer d'ampleur et de résultats.

Nous proposons de réaliser les mesures suivantes:

● Assurer l'isolation d'au moins 700 000 logements par an

● Renforcer les programmes locaux de détection des passoires énergétiques, avec davantage de moyens humains et financiers

● Mettre fin aux situations de précarité énergétique que vivent les ménages

● Former, labelliser et coordonner les professionnels de

la rénovation énergétique afin d'imposer une obligation de résultats

- Mettre en place un «guichet unique» regroupant les demandes de financement, l'évaluation des besoins, la coordination des professionnels nécessaires pour organiser la rénovation par les propriétaires individuels

41. Développer les transports publics écologiques et repenser la mobilité individuelle

Avec le bâti, les transports sont très émetteurs de gaz à effet de serre. Et rien n'est fait pour améliorer cela. Les précédents gouvernements ont abandonné le transport ferroviaire au profit de la route (camions, bus «Macron»...). La libéralisation générale (ferroviaire, portuaire...) empêche une politique volontariste en laissant libre cours au marché.

Nous proposons de réaliser les mesures suivantes:

- Développer le transport ferroviaire
  - ▶ Adopter un plan de développement du ferroutage et de report modal pour réduire le transport routier de marchandises
  - ▶ Refuser la mise en concurrence du transport ferroviaire: bloquer l'ouverture à la concurrence des TER d'ici 2023 et des trains de nuit, remettre en cause la libéralisation du transport de marchandises et voyageurs grandes lignes
  - ▶ Revenir sur la loi Macron et l'autorisation du cabotage par autocar: les liaisons par autocar doivent être autorisées seulement là où il n'y a pas de lignes TER et non en concurrence avec elles

- Développer le cabotage maritime entre les ports français et le transport fluvial
- Renationaliser les autoroutes
- Repenser la mobilité individuelle
  - ▶ Engager la sortie du diesel en commençant par supprimer progressivement l'avantage fiscal pour les flottes d'entreprise
  - ▶ Développer les usages partagés de la voiture (auto-partage, covoiturage courte et longue distances) et les mobilités douces (vélo, etc.)
  - ▶ Développer les véhicules électriques pour les flottes captives

42. Pénaliser les transports sur longue distance pour relocaliser les productions

C'est le règne du déménagement permanent des marchandises. Les chaînes de production et les lieux de consommation sont de plus en plus éloignés. Pour relocaliser les productions au plus près des consommateurs, le protectionnisme solidaire doit s'accompagner d'une politique qui pénalise les transports de longue distance, notamment routiers.

Nous proposons de réaliser les mesures suivantes:

- Introduire une contribution carbone sur le transport de marchandises
- Instaurer une taxe kilométrique aux frontières de la France pour intégrer le coût écologique dans les produits, qui dépendra de la distance parcourue par les produits importés

- Privilégier systématiquement les circuits courts et les productions locales dans la commande publique (alimentation, fournitures, etc.) et les rendre obligatoires pour les cantines scolaires

43. Consommer autrement

Le système aujourd'hui est absurde: il prive d'eau les personnes qui ne peuvent payer et ne pénalise pas le mésusage. Changeons de logique, imposons la gratuité des quantités nécessaires à une vie digne et sanctionnons les gaspillages.

Nous proposons de réaliser les mesures suivantes:

- Instaurer une tarification progressive sur l'eau et l'énergie incluant la gratuité des quantités indispensables à une vie digne et pénalisant les mésusages et gaspillages

- Soutenir la création de coopératives de consommation en lien direct avec les producteurs

- Imposer l'objectif d'une alimentation 100% biologique locale dans la restauration collective

- Réduire la part des protéines carnées dans l'alimentation au profit des protéines végétales

44. Une France «0 déchet»

Le tiers des aliments produits est jeté alors que tant de personnes n'arrivent pas à se nourrir correctement. Un nouveau continent s'est formé, fait de déchets plastiques flottants! L'ère du jetable et des déchets doit cesser. Plusieurs villes du monde sont engagées dans des démarches visant à éliminer les déchets. La France peut montrer l'exemple.

Nous proposons de réaliser les mesures suivantes:

- Combattre l'obsolescence programmée des biens de consommation par un allongement des durées de garanties légales des produits

- Lutter contre le suremballage, le gaspillage (notamment alimentaire) et refuser le tout-jetable

- Rendre obligatoires le recyclage, le compostage ou l'incinération avec récupération de l'énergie produite pour tous les déchets, généraliser les consignes dans les commerces

- Soutenir toutes les initiatives s'appuyant sur la réutilisation des matériaux (ressourceries...) et développer les filières scolaires et universitaires professionnelles dans le secteur

45. Sauver l'écosystème et la biodiversité

L'activité humaine est en train de provoquer une sixième grande extinction d'espèces vivantes. La biodiversité recule sous les coups du changement climatique, des pollutions, du braconnage, etc. La lutte pour la préservation de cette biodiversité passe évidemment par une action vigoureuse au niveau international pour lutter contre ces causes. Mais elle passe aussi par des actes nationaux et locaux. En somme, chacun doit apprendre à protéger la nature et la biodiversité.

Nous proposons de réaliser les mesures suivantes:

- Refuser la brevetabilité du vivant à tous les niveaux, lutter contre la biopiraterie

- Refuser les OGM, bannir les pesticides nuisibles en commençant par une interdiction immédiate des plus dangereux (glyphosate, néonicotinoïdes, etc.)

- Gérer durablement l'eau, bien commun essentiel à toute forme de vie; lancer des programmes de dépollution des cours d'eau et océans, favoriser la création de régies publiques de l'eau au niveau local pour une gestion démocratique

- Sanctuariser le foncier agricole et naturel et lutter contre l'artificialisation des sols

- Généraliser les fermes pédagogiques pour la sensibilisation à l'enjeu écologique et l'éveil à la Nature

- Éradiquer la maltraitance envers les animaux

46. Pour une agriculture écologique et paysanne

L'agro-business détruit tout: l'écosystème, la santé des consommateurs et celle des paysans. Les maux sont connus: pesticides chimiques, gigantisme agricole, ultra-spécialisation et soumission au libre marché. À terme, ce système met à mal notre capacité à nourrir l'humanité. On peut faire autrement: produire mieux pour se nourrir mieux!

Nous proposons de réaliser les mesures suivantes:

- Engager la réforme agraire pour faciliter l'installation des jeunes agriculteurs en limitant la concentration des terres et la course à l'agrandissement et créer 300 000 emplois agricoles grâce à des prix rémunérateurs et une refonte de la PAC

- Stopper les projets de fermes usines

- Développer l'agriculture biologique, proscrire les pesticides chimiques, instaurer une agriculture diversifiée et écologique (polyculture-élevage, etc.) et promouvoir les arbres fruitiers dans les espaces publics
- Favoriser les circuits courts, la vente directe, la transformation sur place et plafonner les marges de la grande distribution par un coefficient multiplicateur limité pour garantir des prix rémunérateurs aux producteurs et interdire les ventes à perte pour les agriculteurs

47. Organiser et aménager le territoire par la démocratie et les services publics

Quelques métropoles reliées entre elles par le TGV et tant pis pour le reste du pays. C'est la ligne appliquée en matière d'aménagement du territoire depuis des années. Bilan : des territoires ruraux et des petites villes abandonnés, des métropoles explosées entre ghettos de riches et quartiers pauvres. Remettons de l'ordre et de la justice dans l'organisation du pays.

Nous proposons de réaliser les mesures suivantes :

- Arrêter les grands projets inutiles comme l'aéroport de Notre-Dame-des-Landes
- Inverser la logique des métropoles et des méga-régions, de la compétition entre territoires
- Stopper l'étalement urbain en incitant au rapprochement entre bassins de vie et bassins d'emploi
- Défendre et reconstruire le maillage de transports en commun et de services publics sur tout le territoire, dans les départements ruraux et les quartiers populaires

48. Exploiter durablement la forêt française

La France possède l'une des plus importantes forêts d'Europe. Mais nous importons chaque année du bois pour construire des meubles ou des maisons! Pire, la forêt française est progressivement abandonnée à la finance. Ce joyau mérite une autre politique, écologiquement soutenable et utile pour construire une filière bois créatrice d'emplois locaux.

Nous proposons de réaliser les mesures suivantes :

- S'opposer à la marchandisation de la forêt française, refuser la privatisation de la forêt publique et garantir les moyens de l'Office national des forêts

- Développer la filière bois française pour permettre une exploitation forestière respectueuse du rythme des forêts et de la biodiversité, répondant aux besoins (chauffage, ameublement, construction, etc.) et créatrice d'emplois locaux

- Soutenir par la commande publique le développement des constructions en bois issu des forêts françaises

L'Europe en question

SORTIR DES TRAITÉS EUROPÉENS

L'Europe de nos rêves est morte. L'Union actuelle est seulement un marché unique et les peuples sont soumis à la dictature des banques et de la finance. Comment stopper ce cauchemar?

Nous devons sortir des traités européens qui nous font obligation de mener des politiques d'austérité, d'abolir l'action de l'État et les investissements publics. Tout cela au prétexte d'une dette dont tout le monde sait qu'elle ne peut être payée dans aucun pays.

Notre indépendance d'action et la souveraineté de nos décisions ne doivent donc plus être abandonnées aux obsessions idéologiques de la Commission européenne ni à la superbe du gouvernement de grande coalition de la droite et du PS en Allemagne.

Jean-Luc Mélenchon

49. Prendre les mesures immédiates et unilatérales de sauvegarde des intérêts de la Nation et d'application de notre projet

«Il n'y a pas de choix démocratique contre les traités européens.» En tenant ces propos, le président de la Commission européenne Jean-Claude Juncker a lui-même fixé le cadre de la tyrannie qu'il exerce. Notre programme n'est pas compatible avec les règles des traités européens qui imposent l'austérité budgétaire, le libre-échange et la destruction des services publics. Pour appliquer notre programme, il nous faudra donc désobéir aux traités dès notre arrivée au pouvoir, par des mesures de sauvegarde de la souveraineté du peuple français.

Nous proposons de réaliser les mesures suivantes:

- S'exonérer du pacte de stabilité et des règles européennes encadrant les déficits et dénoncer le Traité sur la stabilité, la coordination et la gouvernance (TSCG) ratifié à l'initiative de François Hollande en violation de ses engagements de campagne

- Cesser d'appliquer unilatéralement la directive sur le détachement de travailleurs en France: la législation nationale doit s'appliquer totalement, y compris concernant les cotisations sociales patronales et salariales

81

- Refuser les régressions du droit européen sur les questions sociales et écologiques par rapport au droit national

- Refuser les traités de libre-échange: le traité trans-atlantique TAFTA entre l'UE et les États-Unis, CETA avec le Canada et le traité TISA de libéralisation des services

- Stopper la libéralisation et la privatisation de services publics (barrages hydroélectriques, transport ferroviaire intérieur grandes lignes et TER, etc.)

- Encadrer les mouvements de capitaux pour éviter l'évasion fiscale et les attaques spéculatives contre la France

50. Organiser le processus de sortie du Royaume-Uni de l'Union européenne sans esprit de vengeance ou de punition

Le vote du peuple britannique le 23 juin 2016 pour la sortie du Royaume-Uni de l'Union européenne doit être respecté. Cela suppose des négociations sans esprit de vengeance ni punition, mais qui défendent l'intérêt national des Français et la coopération entre les peuples. La frontière du Royaume-Uni n'est pas dans le Pas-de-Calais: nous dénoncerons les accords du Touquet.

51. Plan A. Proposer une refondation démocratique, sociale et écologique des traités européens par la négociation

L'UE est en voie de dislocation. Elle n'a pas voulu écouter les refus des peuples depuis le référendum français de 2005. La sortie des traités européens actuels s'impose à nous. Ce sera nécessairement un rapport de force, notamment avec le gouvernement allemand. Nous proposons donc une stratégie de gouvernement en deux temps avec un plan A et un plan B en cas d'échec du plan A. Le plan A, c'est la sortie concertée des traités européens par l'abandon des règles existantes pour tous les pays qui le souhaitent et la négociation d'autres règles. Le plan B, c'est la sortie des traités européens unilatérale par la France pour proposer d'autres coopérations. L'UE, on la change ou on la quitte. Le mandat de négociation de ces plans sera soumis au préalable à l'Assemblée nationale. La validation de ce processus passera nécessairement par une décision du peuple français par référendum.

Dans cette refondation européenne, nous voulons notamment:

● Mettre fin à l'indépendance de la Banque centrale européenne, modifier ses missions et statuts, autoriser le rachat de la dette publique directement aux États, interdire à la BCE de couper les liquidités à un État membre. Sans attendre, la Banque de France sera mise au service de ces objectifs

● Dévaluer l'euro pour revenir à la parité initiale avec le dollar

- Mettre au pas la finance, prohiber les instruments financiers toxiques, taxer les transactions financières, contrôler les mouvements de capitaux pour empêcher les attaques spéculatives

- Organiser une conférence européenne sur les dettes souveraines débouchant sur des moratoires, une baisse des taux d'intérêt, des rééchelonnements et annulations partielles

- Arrêter la libéralisation des services publics (rail, énergie, télécoms...)

- Mettre en place un protectionnisme solidaire: arrêt de la libre circulation des capitaux et des marchandises entre l'UE et les pays tiers, arrêt des politiques de libre-échange qui ruinent les économies en développement et détruisent l'industrie européenne, autorisation des aides d'État aux secteurs stratégiques

- Mettre fin au dumping à l'intérieur de l'UE par une politique volontariste et rapide d'harmonisation sociale et fiscale par le haut dans toute l'UE avec inscription d'une clause de non-régression des droits sociaux

- Refonder la politique agricole commune pour garantir l'autosuffisance alimentaire, la relocalisation et l'agriculture écologique et paysanne

- Abandonner le marché carbone et mettre en œuvre une véritable politique de réduction des émissions de gaz à effet de serre avec des critères de convergence impératifs

En cas d'accord, le résultat des négociations sera soumis à référendum du peuple français qui décidera souverainement de sa participation à l'Union européenne refondée ou de la sortie.

52. Appliquer un «plan B» en cas d'échec des négociations

Nous proposons de réaliser les mesures suivantes:

- Stopper la contribution de la France au budget de l'Union européenne (22 milliards d'euros par an dont 7 milliards d'euros de contribution «nette»)

- La réquisition de la Banque de France pour reprendre le contrôle de la politique du crédit et de la régulation bancaire, et pour envisager un système monétaire alternatif avec ceux de nos partenaires qui, dans la phase A, auraient manifesté leur désir de transformer l'euro en monnaie commune et non plus unique

- Mettre en place un contrôle des capitaux et des marchandises aux frontières nationales pour éviter l'évasion fiscale des plus riches et des grands groupes, et se protéger des attaques spéculatives et du dumping social, fiscal et écologique

- Construire de nouvelles coopérations avec les États qui le souhaitent en matière culturelle, éducative, scientifique, etc.

53. Défendre et développer les coopérations avec les autres peuples d'Europe

Les traités européens imposent la concurrence au lieu de la coopération entre les peuples. Nous voulons plus de coopération dans les domaines culturel, scientifique, industriel, écologique et social. Les espaces existants et à créer pour cela sont nombreux.

Nous proposons de réaliser les mesures suivantes:

● Proposer une alliance des pays d'Europe du Sud pour sortir de l'austérité et engager des politiques concertées de relance écologique et sociale de l'activité

● Renforcer la participation française aux programmes de coopérations plus larges que l'UE (Erasmus...) ou n'ayant rien à voir avec l'UE (CERN, Arianespace, Airbus)

● Proposer de nouvelles coopérations fondées sur la libre participation des Nations en matière sociale ou écologique (programme de dépollution, transition énergétique...)

La paix en question

POUR L'INDÉPENDANCE DE LA FRANCE

L'armée française est engagée dans un nombre sans précédent de conflits armés. Comment sortir de la logique de guerre? Comment restaurer l'indépendance de la France pour préparer la paix?

Nous ne devons plus être à la remorque des folies impériales des États-Unis et de leur outil de tutelle militaire: l'Otan.

Nous sommes une Nation universaliste. Notre vocation est à l'Onu et dans la coopération privilégiée avec les pays émergents. Notre ancrage est en Méditerranée et avec les peuples francophones du continent africain, là où va se façonner l'avenir. Au lieu de quoi nous sommes en guerre avec des buts imprécis et des alliances malsaines! Mais qui s'occupe de préparer la paix plutôt que la guerre généralisée? Nous!

Jean-Luc Mélenchon

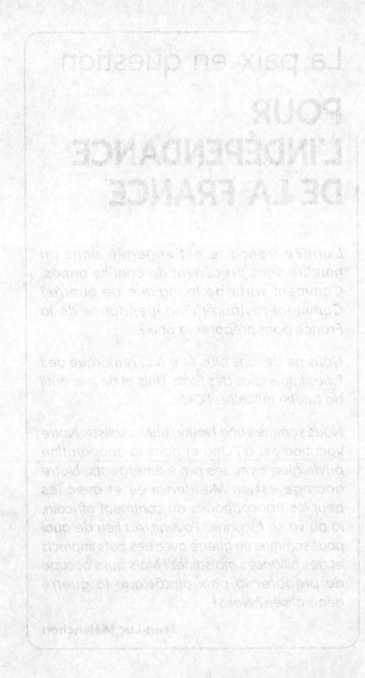

La paix en question

POUR
L'INDÉPENDANCE
DE LA FRANCE

L'armée française est engagée dans un nombre sans précédent de conflits armés. Comment sortir de la logique de guerre? Comment réduire l'indépendance de la France pour préparer la paix?

Nous ne devons plus être à la remorque des États impérialistes des États-Unis et de leur outil de tutelle militaire, l'OTAN...

Nous sommes une Nation universaliste. Notre vocation est, d'Oui et d'Ici, la coopération civilisée avec les peuples émergents. Notre ancrage est en Méditerranée et avec les peuples francophones du continent africain. Là où va se fonder l'avenir. Au lieu de quoi nous sommes en guerre avec ces buts imprécis et des alliances mal assurées. Mais qui s'occupe de préparer la paix, plutôt que la guerre qui nous isole? Nous!

Jean-Luc Mélenchon

54. Instaurer l'indépendance de la France dans le monde

Les quinquennats Sarkozy et Hollande ont enfermé la France dans l'Otan et l'ont privée d'une voix indépendante et originale. Pour promouvoir la paix et la coopération, retrouver l'indépendance est une nécessité absolue.

Nous proposons de réaliser les mesures suivantes:

- Refuser la logique du «choc des civilisations»

- Sortir de l'Otan et refuser la participation de la France à toute alliance militaire permanente à l'exception des opérations de maintien de la paix sous l'égide de l'Onu

- Stopper l'érosion du réseau diplomatique français et sa mise sous tutelle par l'UE

- Sortir du FMI et de la Banque mondiale pour œuvrer à la création d'un Fonds d'urgence sociale et d'une Banque solidaire d'investissement

- Offrir l'asile aux «combattants de la liberté», c'est-à-dire toute personne persécutée en raison de son action en faveur de la liberté dans l'esprit du préambule de la Constitution de 1946. Edward Snowden et Julian Assange seront récompensés et accueillis en France

- Engager la formation d'une nouvelle alliance altermondialiste

55. Reconstruire une défense indépendante, nationale et populaire

L'Otan, construite par et pour les États-Unis pendant la guerre froide, n'a plus lieu d'être. Son ennemi soviétique a disparu. Cette organisation ne sert plus qu'à embrigader les pays européens derrière les États-Unis. Mais nous n'avons pas les mêmes principes ni les mêmes objectifs. La France peut et doit se défendre elle-même pour pouvoir agir librement. Pour cela, la défense doit retrouver un lien avec la Nation tout entière, rompu depuis la fin de la conscription.

Nous proposons de réaliser les mesures suivantes:

- Rédiger un nouveau Livre blanc et adopter une nouvelle loi de programmation militaire ayant pour objectif la restauration pleine et entière de l'indépendance militaire

- Stopper les programmes de privatisation des industries d'armement et des missions de défense nationale et engager leur reconquête publique

- Établir la règle de l'acquisition de matériel militaire français par l'armée (armement et fournitures)

- Ouvrir la possibilité d'effectuer son service citoyen obligatoire sous la forme d'un service militaire

56. Renforcer et réinvestir l'Onu pour faire vivre un monde ordonné

La France n'a pas à être le gendarme du monde. Le seul organe légitime pour assurer la sécurité collective est l'Organisation des Nations unies. La France doit proposer le retour en force de cette institution face aux déséquilibres et menaces pour la stabilité et la paix.

Nous proposons de réaliser les mesures suivantes :

● Réaffirmer que l'Onu est le seul organe légitime pour la sécurité collective aux yeux de la France

  ▶ Refuser toute intervention militaire sans mandat de l'Onu

  ▶ Faire vivre le comité d'état-major de l'Onu pour commander les opérations de maintien de la paix et enclencher un processus de démocratisation de l'organisation

● Créer une Organisation mondiale de l'environnement dans le cadre de l'Onu

● Réformer la FAO (Organisation de l'Onu pour l'agriculture et l'alimentation) pour favoriser la souveraineté alimentaire, la régulation des marchés mondiaux et la conversion écologique de l'agriculture

57. Refuser le libre-échange, instaurer un protectionnisme solidaire et la coopération économique

La mondialisation est d'abord la globalisation de l'argent et le déménagement du monde pour le seul profit des multinationales. Dans les pays développés, c'est la désindustrialisation et le chômage. Dans les pays en développement, c'est la mainmise des grandes firmes et des accords commerciaux inégaux qui pousse aux migrations. Le protectionnisme solidaire est nécessaire pour le codéveloppement et l'avènement du progrès humain partout.

Nous proposons de réaliser les mesures suivantes:

- Intégrer le respect des règles fondamentales de l'Organisation internationale du travail dans les accords commerciaux

- Sortir de l'Organisation mondiale du commerce et renforcer la Cnuced (Conférence des Nations unies pour le commerce et le développement) comme organe légitime pour organiser le commerce mondial en fonction de l'interêt général des peuples, a la place des G20, G7, FMI et OMC

- Soutenir l'adoption a l'Onu d'un cadre réglementaire contraignant les multinationales à respecter un socle de normes sociales et environnementales

58. Étendre les protections du droit international à de nouveaux domaines

Face au desordre liberal et au changement climatique, la nécessité d'un monde «ordonne» s'impose. Mais cet ordre international doit être légitime, c'est-à-dire s'inscrire autant que possible dans l'Onu. L'impératif climatique et écologique doit être reconnu et protégé par le droit international.

Nous proposons de réaliser les mesures suivantes:

- Proteger la haute mer de toute appropriation et du productivisme

- Construire un statut international pour l'Arctique sur le modèle de l'Antarctique, protégeant de l'appropriation et du productivisme

- Faire appliquer le principe de non-privatisation de l'espace prévu dans le traité de l'espace (1967)

- Créer un crime international d'écocide (atteinte grave à l'environnement) jugé par un tribunal international de justice écologique ou dans le cadre de la Cour pénale internationale

- Créer un tribunal international de justice économique pour juger notamment les crimes financiers transnationaux (évasion fiscale internationale, speculation, corruption)

59. Lutter contre les causes des migrations

Émigrer est toujours une souffrance pour celui qui part. Les migrations sont un sujet trop sérieux pour les réduire à des surenchères et à des pulsions incontrôlées. La première tâche est de permettre à chacun de vivre chez soi. Pour cela, il faut arrêter les guerres, les accords commerciaux qui détruisent les économies locales, et affronter le changement climatique qui sera, sinon, pourvoyeur de centaines de millions de réfugiés climatiques.

Nous proposons de réaliser les mesures suivantes:

- Gérer enfin les migrations à l'échelle internationale

  ▶ Créer une Organisation mondiale des migrations liée à l'Onu pour renforcer l'action internationale aujourd'hui réduite au Haut Commissariat aux réfugiés de l'Onu et à l'Organisation internationale pour les migrations

  ▶ Organiser une conférence internationale annuelle sur les migrations, sous l'égide de l'Onu, combinant les réponses d'urgence, le soutien aux pays d'accueil, la préparation du retour des réfugiés et l'anticipation des millions de réfugiés climatiques des décennies à venir

- Éviter aux migrants de devoir fuir leur pays

  ▶ Arrêter les guerres par une diplomatie active et indépendante au service de la paix

  ▶ Mettre fin aux accords commerciaux inégaux qui déstabilisent des pays entiers, détruisent les agricultures locales et empêchent le codéveloppement

  ▶ Agir contre le dérèglement climatique par des transferts de technologies et l'aide financière et matérielle à la transition dans les pays les plus vulnérables

- En Europe, sortir de l'impasse de Schengen et de Frontex

  ▶ Renforcer les moyens civils de sauvetage en mer Méditerranée pour éviter les milliers de noyés

  ▶ Refonder la politique européenne de contrôle des frontières extérieures et refuser la militarisation de la politique de contrôle des flux migratoires

  ▶ Refuser l'accord «Visa + adhésion contre migrants» avec la Turquie

  ▶ Construire un programme pour l'aide au retour des réfugiés qui le souhaitent lorsque la situation de leur pays de départ le permet

- Assumer notre devoir d'humanité envers les réfugiés arrivant en Europe

  ▶ Respecter la dignité humaine des migrants, leur droit fondamental à une vie de famille et accompagner les mineurs isolés

  ▶ En finir avec le placement en centre de rétention d'enfants, même accompagnés de leurs parents

  ▶ Construire des camps d'accueil aux normes internationales sur le modèle de celui de Grande-Synthe, pour proposer aux migrants des conditions dignes et des centres d'accueil des demandeurs d'asile pour les héberger le temps de l'analyse de leur demande

▶ Réaffirmer et faire vivre le droit d'asile sur le territoire de la République, accueillir les réfugiés qui en relèvent, grâce à une administration adaptée à cette mission

60. Construire la paix en Syrie

La Syrie est ravagée par cinq ans de guerre. La guerre civile a laissé place à une guerre de mercenaires où les puissances régionales et internationales s'affrontent par groupes interposés. Cela suffit. La France doit changer de stratégie et œuvrer enfin pour l'éradication de Daech, le retour à la paix, la transition politique et la reconstruction de la Syrie.

Nous proposons de réaliser les mesures suivantes:

● Réviser les alliances hypocrites avec les pétro-monarchies du Golfe (Qatar, Arabie saoudite...) et le régime turc actuel, tarir les financements des terroristes

● Mettre en place une coalition universelle sous mandat de l'Onu pour éradiquer Daech et rétablir la paix et la stabilité en Syrie et en Irak, associant les combattants kurdes

● Construire une solution politique en Syrie pour une paix durable, sous l'égide de l'Onu et reposant sur:

▶ Un cessez-le-feu durable excluant les groupes islamistes

▶ Le soutien au processus de Genève en y intégrant les Kurdes de Syrie

▶ L'organisation d'élections libres et pluralistes, sans ingérence étrangère, sous surveillance de l'Onu pour que le peuple syrien décide souverainement et démocratiquement de ses dirigeants

- ▶ La garantie de l'intégrité de l'État syrien et de ses frontières
- ● Organiser à Paris une conférence internationale pour la reconstruction de la Syrie et le retour des réfugiés

61. Agir pour une paix juste et durable entre Israël et la Palestine

Les conditions d'une paix juste et durable au Proche-Orient sont connues. Elles sont inscrites dans les résolutions de l'Onu depuis 1967. Il manque la volonté politique de les faire appliquer. La France doit reconnaître l'État palestinien et prendre une initiative pour la paix entre cet État et Israël.

Nous proposons de réaliser les mesures suivantes:

- ● Reconnaître l'État palestinien
- ● Appuyer la solution à deux États coexistant pacifiquement par l'application pleine et entière des résolutions de l'Onu (reconnaissance du droit souverain du peuple palestinien à disposer d'un État viable et indépendant, dans les frontières de 1967, avec Jérusalem Est pour capitale et dans le respect du principe du droit au retour des réfugiés)

62. Construire des coopérations altermondialistes et internationalistes

Un autre monde est possible. Plus juste, plus ordonné, plus écologique et non soumis à la finance. Pour cela, de nouvelles coopérations doivent être engagées et d'autres renforcées. La France doit proposer une nouvelle alliance altermondialiste pour changer le cours du monde.

Nous proposons de réaliser les mesures suivantes :

● En finir avec la Françafrique : respecter l'indépendance des États africains et la souveraineté des peuples en s'interdisant de se mêler des élections et en réprimant les corrupteurs

● Tenir enfin l'objectif de consacrer 0,7 % du revenu national brut au budget de l'aide publique au développement

● Relancer la politique de codéveloppement et de coopération (scientifique, universitaire, sanitaire...) avec les pays en développement, notamment en matière de lutte contre le changement climatique

● Adhérer à la banque de développement des BRICS (Brésil, Russie, Inde, Chine, Afrique du Sud) et bâtir une nouvelle alliance altermondialiste avec les BRICS, ouverte à tous et fondée sur l'indépendance de chacun, la coopération et le renforcement de l'ordre international légitime de l'Onu

● Soutenir le projet chinois d'une monnaie commune mondiale pour libérer l'économie mondiale de la domination du dollar

● Appuyer la mise en œuvre d'un mécanisme de restructuration des dettes souveraines dans le cadre de l'Onu sur la base de la résolution votée en 2015 sur proposition de l'Argentine

● Multiplier les coopérations avec les pays émergents pour repousser les frontières de la connaissance et de l'humanité (coopération spatiale, maritime...)

- Instaurer une politique de codéveloppement avec l'Amérique latine et les Caraïbes en adhérant à l'ALBA (Alliance bolivarienne pour les peuples de notre Amérique)

63. Unir le petit bassin méditerranéen autour d'objectifs communs de progrès

Ne nous résignons pas à voir la mer Méditerranée devenir seulement un cloaque ou un cimetière pour migrants. Il y a tant d'intelligence et tant à faire autour d'elle. Reprenons le fil de l'histoire de l'humanité, faisons place à l'intelligence, à la culture, aux coopérations techniques, scientifiques, écologiques. France, Italie, Espagne, Portugal, Grèce, Algérie, Maroc, Tunisie et Libye peuvent agir ensemble. La France doit assumer la responsabilité particulière créée par son histoire, sa géographie, sa langue, la richesse et la diversité de son peuple.

Nous proposons de réaliser les mesures suivantes:

- Créer une chaîne de télévision méditerranéenne émettant en plusieurs langues et diffusée sur les deux rives de la Méditerranée et sur internet, sur le modèle de la chaîne franco-allemande Arte

- Créer un réseau d'universités méditerranéennes couvrant tous les niveaux de formations d'enseignement supérieur

- Organiser un réseau méditerranéen de l'enseignement professionnel

- Créer un organisme méditerranéen de sécurité civile pour lutter contre les incendies, pour le secours en mer ou en cas de catastrophes naturelles

- Mettre en place une structure commune de lutte contre

les pollutions et de gestion de l'écosystème de la mer Méditerranée

64. Passer à la francophonie politique

La langue française est la troisième langue la plus parlée au monde. Mais si peu est fait pour la mettre en valeur, la diffuser, multiplier ses usages et les liens entre ceux qui l'ont en usage commun. C'est un trésor à faire vivre pour un monde meilleur et davantage de mises en commun.

Nous proposons de réaliser les mesures suivantes:

- Réorganiser les institutions de la francophonie en agissant pour son recentrage sur la défense, le rayonnement de la langue et son usage commun
- Créer une académie et un Erasmus de la francophonie
- Renforcer le réseau des Instituts/Alliances français dans les pays non francophones et planifier les échanges d'étudiants et de lycéens
- Renforcer la présence des auteurs francophones ultra-marins et étrangers dans les programmes scolaires
- Élaborer des contenus éducatifs et des diplômes communs entre pays francophones
- Développer au moins une revue scientifique internationale digne de ce nom en français
- Défendre l'usage du français dans les institutions internationales à commencer par l'Union européenne
- Renforcer les médias audiovisuels francophones (RFI, France 24 et TV5 Monde) et les mettre en partage avec la communauté francophone

Face à la grande régression

LE PROGRÈS HUMAIN D'ABORD

Seuls le cours de bourse et le taux de profit intéressent l'oligarchie. Et les êtres humains? Mieux vaudrait atteindre de nouveaux progrès humains dans notre société et proposer d'autres modèles de vie.

Ne faudrait-il pas enfin s'alarmer pour notre système de santé quand l'espérance de vie recule? Ne devrait-on pas se soucier de notre aptitude aux pratiques et aux créations culturelles émancipatrices plutôt que de laisser l'uniformisation, l'agression publicitaire et le consumérisme tout appauvrir? Ne faut-il pas donner la priorité à l'éducation de notre nombreuse jeunesse et à cultiver de l'appétit pour les sciences quand on entre dans un monde de si haut niveau technique? Et sait-on épanouir notre corps dans la pratique du sport quand celui-ci est à son tour annexé par l'obsession de l'argent?

Je crois qu'un projet de vie humaine est mieux réussi par les bonheurs simples qui viennent de ce genre de préoccupations, plutôt que par la grotesque course à l'accumulation. La vraie richesse n'est pas celle de l'argent. Être milliardaire est immoral. Vouloir le devenir est une névrose du cœur.

Jean-Luc Mélenchon

65. Définir de nouveaux indicateurs de progrès humain

L'activité humaine ne doit plus être réduite aux seuls chiffres de la croissance, des cours de la Bourse ou des chiffres du déficit public. L'action de l'État et les politiques menées doivent viser d'autres objectifs et être évaluées au regard d'autres critères que ceux actuellement à l'œuvre: des objectifs et des critères de bien-vivre et de progrès humain (santé, éducation, etc.). Le droit au bonheur est encore une idée neuve!

66. Viser l'allongement de l'espérance de vie et l'espérance de vie en bonne santé

L'espérance de vie a reculé en 2015 en France pour la première fois depuis 1969. C'est le cas dans plusieurs pays développés, en particulier pour les travailleurs et les pauvres. L'espérance de vie en bonne santé recule aussi. Tels sont les effets de la malbouffe, des pollutions, de la précarité grandissante et du recul des services publics de santé, sous les coups de boutoir libéraux. Ne nous résignons pas à ce recul de civilisation. Cette grande régression peut être stoppée.

67. Faire passer la santé d'abord et pour tous

Le système de santé français a longtemps été le meilleur au monde. Mais aujourd'hui, l'austérité et la marchandisation ont entamé sa dislocation. Combien de déserts médicaux où il est impossible de trouver un généraliste, un ophtalmo, un gynécologue, dans les zones rurales mais aussi dans les grandes villes? Combien d'heures d'attente aux urgences, malgré le dévouement des personnels? Combien de maladies chroniques liées à notre mode de vie? Combien de cas où le travail blesse ou tue en silence? Et comment ne pas voir les reculs de la Sécurité sociale et la hausse des inégalités entre riches et pauvres? La santé publique doit redevenir une exigence de premier ordre.

Nous proposons de réaliser les mesures suivantes:

- Rembourser à 100% les soins de santé prescrits, dont les soins et appareils dentaires, optiques et auditifs, faire baisser les tarifs des lunettes et appareils auditifs

- Instaurer une politique de santé publique et de prévention

    ▶ Élaborer un plan de santé environnementale (lutte contre la pollution, interdiction des pesticides...)

    ▶ Engager un plan de santé au travail, implanter un réseau sans faille de médecine du travail

    ▶ Éradiquer les maladies chroniques liées à l'alimentation: lutte drastique contre l'obésité, contre la malbouffe et les abus de sel, sucre et graisses par l'industrie agro-alimentaire...

▶ Abolir le logement insalubre et lutter contre le mal-logement et leurs conséquences sanitaires

▶ Faire de la prévention et de l'éducation à la santé dès le plus jeune âge, en renforçant la médecine scolaire et la Protection maternelle et infantile

▶ Imposer un plan de lutte et de prévention contre les maladies sexuellement transmissibles et promouvoir des politiques de santé sexuelle et reproductive émancipatrices des personnes

● Combler les déserts médicaux et créer un corps de médecins généralistes fonctionnaires rémunérés pendant leurs études, afin de pallier l'insuffisance de médecins dans certaines zones

● Abolir les dépassements d'honoraires, renforcer le paiement au forfait, créer des centres de santé pratiquant le tiers payant

● Reconstruire le service public hospitalier, revenir sur la tarification à l'acte et les suppressions de lits et de personnels, et engager un plan pluriannuel de recrutement de médecins, infirmiers, aides-soignants et personnels administratifs

● Créer un pôle public du médicament pour faciliter l'égal accès aux traitements, protéger la recherche de la finance et supprimer l'influence des entreprises privées dans les activités médicales et hospitalières, notamment par l'arrêt de l'accès libre des visiteurs médicaux à l'hôpital public

● Mener un plan national de lutte contre la résistance microbienne en faisant le bilan de l'élevage productiviste, comme le recommande l'Organisation mondiale de la santé

68. Pas d'obstacle aux personnes en situation de handicap

Non, le handicap n'est pas une affaire privée. C'est d'abord une affaire publique. Celle de la dignité des personnes en situation de handicap, de leur liberté, de l'égalité entre les êtres humains. Le plan de lutte contre les obstacles au travail et dans les espaces publics a été trop de fois repoussé. La prise en compte du handicap est trop souvent reléguée au second plan ou noyée parmi d'autres thèmes comme la dépendance ou la maladie. Une personne en situation de handicap n'est pas plus que quiconque réductible à son handicap.

Nous proposons de réaliser les mesures suivantes:

- Atteindre enfin l'objectif «zéro obstacle»: tolérance zéro contre les entraves, les préfets pourront se substituer aux maires pour imposer les travaux et fermer les bâtiments privés ne respectant pas la loi, et imposer un plan de mise en accessibilité des transports (trains intercités notamment)

- Titulariser les personnels d'accompagnement des élèves en situation de handicap et recruter pour renforcer les capacités d'accueil et d'accompagnement

- Augmenter l'Allocation aux adultes handicapés (808 euros de base aujourd'hui) au niveau du smic pour les personnes en situation de handicap dans l'incapacité totale de travailler

- Assurer la pérennité des moyens pour le financement de l'insertion professionnelle des personnes en situation de handicap et garantir leur usage exclusif pour ces missions

69. Changer de logique en matière d'addiction et de drogues

La politique française en matière de drogues se résume trop souvent à la répression, et la «guerre contre la drogue» est un échec à la fois sanitaire et de sécurité. Il y a si peu de réflexion sur les consommations de psychotropes, si peu d'efforts faits pour aider les personnes à sortir de ces consommations. L'heure est venue de changer de stratégie pour lutter plus efficacement et plus humainement contre les addictions.

Nous proposons de réaliser les mesures suivantes:

● Établir un diagnostic global des consommations, intégrant les anxiolytiques prescrits médicalement et viser une politique de réduction des risques, plutôt que de répression des consommateurs, s'attaquant à la variété des causes des addictions

● Légaliser et encadrer la consommation, la production et la vente de cannabis dans des conditions permettant de lutter contre l'addiction par le contrôle de la qualité des produits et des quantités écoulées: production et vente encadrées par l'État (entreprises publiques ou système de licences délivrées par l'administration), taxation, interdiction de la vente d'alcool et de cannabis dans un même lieu, interdiction effective de la vente aux mineurs

● Affecter les recettes des taxes sur le cannabis à des programmes de lutte contre les addictions et à une politique de prévention et d'aide à la désintoxication

70. En finir avec la souffrance sociale et la souffrance au travail

Le chômage tue de 10 000 à 14 000 personnes par an. Le travail tue 1000 personnes par an du fait d'accidents, de maladies professionnelles, de suicides. La souffrance physique et psychologique est un mal très largement répandu et très souvent passé sous silence. Ça suffit!

Nous proposons de réaliser les mesures suivantes:

● Déclarer la souffrance au travail «grande cause nationale» pour mobiliser les moyens financiers et de communication contre ce fléau et subventionner les réseaux professionnels et de sante agissant sur ce thème, ainsi que les artistes mettant en lumière la souffrance au travail

● Renforcer la médecine du travail

   ▶ Intégrer la medecine du travail au service public de santé et garantir ses moyens

   ▶ Restaurer la visite médicale obligatoire à l'embauche auprès d'un médecin et périodiquement en cours de contrat de travail

   ▶ Ouvrir l'accès de la médecine du travail aux chômeurs et instaurer une visite obligatoire pour les chômeurs au-delà de six mois

● Reconnaître le burn-out comme maladie professionnelle, lutter contre l'idéologie manageriale et ses effets psychologiques et sanitaires et imposer l'enseignement des sciences sociales et des risques psychosociaux dans les cursus de gestion/commerce/ressources humaines

● Faire du nombre d'accidents du travail un critère de selection dans l'accès aux marchés publics

71. Faire face collectivement au vieillissement de la population et à la perte d'autonomie

Nous proposons de réaliser les mesures suivantes :

- Réduire le «reste à charge» de 500 euros par mois pour les personnes en établissement et augmenter de 50% le montant de l'APA (Allocation personnalisée d'autonomie, aujourd'hui de 700 euros) pour les personnes restant à domicile, pour faire face en urgence aux frais engagés par les personnes concernées

- Construire une prise en charge solidaire de la dépendance, financée par une mise à contribution des revenus immobiliers et des successions sur les gros patrimoines

- Developper un réseau public de maisons de retraite avec des tarifs harmonises et accessibles, créer 10 000 places par an en EHPAD (Établissement d'hébergement pour personnes âgées dépendantes) publics pendant cinq ans

- Former, qualifier et recruter en nombre suffisant le personnel necessaire, soit au moins 100 000 personnes

- Refondre les grilles de rémuneration et de qualifications pour valoriser les métiers de prise en charge de la perte d'autonomie

72. Donner la priorité aux enfants

Une société se juge d'abord à la place qu'elle accorde à ses enfants et aux efforts qu'elle consent pour eux. Accueil, protection, scolarisation, la France manque de moyens publics pour les enfants, laissant se propager les inégalités. Investissons pour leur avenir.

Nous proposons de réaliser les mesures suivantes:

- Verser une allocation familiale dès le premier enfant
- Créer un service public de la petite enfance et ouvrir 500 000 places en crèche et modes de garde adaptés dans les cinq ans
- Renforcer les moyens de l'aide sociale à l'enfance et de la protection judiciaire de la jeunesse

73. Instruire mieux et davantage

Une école fermée par jour depuis dix ans. 22 000 journées de classe perdues en 2015-2016, faute de professeurs remplaçants en nombre suffisant. Des activités périscolaires payantes pour 40 % des familles. Quelle régression! Le but des libéraux est de créer un marché de l'éducation en sabordant l'éducation publique, laïque et gratuite. L'éducation n'est pas une marchandise. Elle est la principale richesse du peuple et du pays. Il est temps de réparer les dégâts!

Nous proposons de réaliser les mesures suivantes:

- Adopter une loi d'orientation pour l'école
  - ▶ Abroger la réforme du collège du gouvernement Valls
  - ▶ Garantir le cadre national des programmes et des diplômes
  - ▶ Étendre la scolarité obligatoire de 3 à 18 ans, en adaptant les pédagogies et les parcours scolaires
- Assurer l'égalité devant l'école
  - ▶ Instaurer une nouvelle carte scolaire établissant la mixité sociale
  - ▶ Mettre en œuvre un plan de lutte contre les inégalités à l'école maternelle et primaire, notamment avec un droit

à la scolarisation dès 2 ans, la baisse du nombre d'élèves par classe en primaire, la présence de davantage d'instituteurs que de classes dans les écoles, le développement des Réseaux d'aide aux élèves en difficulté

● Assurer la gratuité réelle de l'éducation publique, y compris les cantines, le transport et les activités périscolaires, fournir gratuitement aux élèves les manuels scolaires, ainsi que des fournitures sans marque, pour assurer une réelle égalité des conditions entre élèves et lutter contre l'intrusion marchande à l'école

● Recruter au moins 60 000 enseignants supplémentaires sur le quinquennat et mettre en place un dispositif de prérecrutement pour favoriser l'accès au métier d'enseignant pour les jeunes issus de milieux populaires

● Revaloriser le salaire des enseignants, en particulier ceux du primaire

● Réserver l'argent public au financement de l'école publique (abrogation de la loi Carle notamment)

74. Qualifier tout le monde

L'apprentissage. Les libéraux n'ont que ce mot à la bouche. Ils oublient l'essentiel: dans le monde d'aujourd'hui, l'élévation continue du niveau de qualification des travailleurs est essentielle. Et l'apprentissage n'offre une réponse que très partielle à cette exigence, sans oublier que ce statut rime souvent avec précarité pour les jeunes. Les filières d'enseignement professionnel publiques sont détruites. Elles sont pourtant une voie d'excellence dans laquelle la moitié de la jeunesse du pays étudie. Là réside une grande partie de la solution pour l'avenir des jeunes et du pays.

Nous proposons de réaliser les mesures suivantes:

- Appuyer l'enseignement professionnel public, arrêter les fermetures de classes et de lycées professionnels et augmenter le nombre d'établissements
- Rétablir le bac professionnel en quatre ans
- Développer les cursus courts dans l'enseignement supérieur et encourager la poursuite d'études après un bac professionnel ou technologique (BTS, DUT, licences professionnelles...)
- Refonder l'organisation de la formation professionnelle des adultes et la formation continue, et l'inclure dans le service public de l'enseignement professionnel. Elle doit d'abord profiter aux travailleurs pas ou peu qualifiés et aux chômeurs

75. Refonder l'enseignement supérieur

Précarité des étudiants, doctorants et jeunes diplômés, concurrence entre établissements, financements insuffisants et aléatoires, abandon de formations de proximité partout sur le territoire... C'est dans l'enseignement supérieur que les conséquences de la marchandisation sont les plus avancées. Tout est à reconstruire.

Nous proposons de réaliser les mesures suivantes:

- Réorganiser les grands instituts publics de recherche (CNRS, Inserm, Inra, etc.), garants des recherches d'intérêt général, et supprimer l'Agence nationale pour la recherche (ANR)

- Redonner à l'enseignement supérieur et à la recherche les moyens nécessaires au développement du savoir et de la qualification professionnelle

- Créer, dans chaque université, une université populaire, ouverte à tous et chargée d'organiser le lien entre les chercheurs et la population, dans un esprit de diffusion des savoirs et de réflexion citoyenne sur leur usage

- Refonder le financement de l'enseignement supérieur et de la recherche pour favoriser les financements pérennes, plutôt que des appels à projets erratiques, augmenter le budget des universités et assurer une rémunération unifiée

- Abroger les lois LRU et Fioraso pour:

  ▶ Reconstruire une offre cohérente de formations d'enseignement supérieur sur tout le territoire, y compris dans les villes moyennes, et pilotées nationalement. Les communautés d'universités et d'établissement (comUE), regroupements forcés, seront dissoutes

  ▶ Arrêter le féodalisme des présidents d'universités pour une direction démocratique et collégiale des universités, pour des procédures transparentes d'attributions des postes d'enseignants-chercheurs, pour mettre un terme à la concurrence entre universités, dont la concurrence malsaine pour les financements, ainsi qu'à l'évaluation permanente, chronophage et bureaucratique, au profit d'une évaluation scientifique

- Mettre fin à la precarité des doctorants et jeunes chercheurs par la titularisation des personnels effectuant des missions pérennes

- Permettre aux universités publiques d'accéder gratuitement aux articles de leurs chercheurs sans enrichir les revues et bases de données privées
- Créer une nouvelle section «economie et société» du Conseil national des universites, pour assurer le pluralisme dans l'enseignement et la recherche économique et sociale
- Remettre en cause la dualité entre grandes écoles et universités en les intégrant et en égalisant les moyens octroyés

76. Éradiquer l'illettrisme et développer l'alphabétisation

Plus de deux millions de personnes sont illettrées en France. Personne n'en parle. Pourtant, pour elles, travailler, se déplacer et accomplir tant d'autres actes de la vie quotidienne est une souffrance. C'est indigne d'un grand pays comme le nôtre.

Nous proposons de réaliser les mesures suivantes:

- Éradiquer l'illettrisme pour les jeunes sortis du système scolaire et les adultes à horizon 2022
- Développer les structures d'alphabétisation et les cours de langue française pour les personnes non francophones

77. Démocratiser la culture et ses pratiques, soutenir ceux qui la font vivre

Festivals annulés, baisse du budget de la culture pour la première fois depuis des décennies... Le bilan de François Hollande est affligeant. Retrouvons l'ambition culturelle. Ne réservons pas la culture à quelques lieux ou à quelques publics, faisons-la revenir et entrer partout.

Nous proposons de réaliser les mesures suivantes:

● Défendre l'exception et la diversité culturelles dans toutes les négociations internationales

● Porter le budget consacré à l'art, à la culture et à la création à 1% du PIB chaque année pour:

  ▶ Pérenniser le régime des intermittents du spectacle sur la base de l'accord du 28 avril 2016 et l'étendre aux professions artistiques précaires

  ▶ Soutenir la création, le spectacle vivant, et l'appropriation par tous des œuvres et pratiques culturelles, et ce par le renouveau de l'éducation artistique à l'école et dans les conservatoires, de l'éducation populaire et de la culture en entreprise

● Supprimer la Hadopi, qui n'a pas fonctionné, et mettre en place un nouveau cadre du partage numérique de la culture par:

  ▶ L'instauration d'une cotisation universelle sur les abonnements internet, finançant la création et ouvrant droit en contrepartie au téléchargement non marchand

▶ La création d'un service public nouveau de l'internet et d'une médiathèque publique en ligne, avec une plate-forme publique d'offre légale en ligne de musique, films et contenus culturels

78. Libérer le sport et les corps de l'argent

La politique sportive est aujourd'hui réduite à la course à l'accueil des grandes compétitions internationales. Paris s'est engagée pour accueillir les Jeux olympiques de 2024. Mais pour faire quoi? Dépenser à perte des milliards d'euros dans des infrastructures et offrir quinze jours de publicité aux multinationales sponsors? Pendant ce temps, tant de clubs et d'associations sportives populaires luttent pour leur survie. Faisons le choix d'un sport libéré de l'argent, d'un sport pour tous, en réaffirmant la fonction émancipatrice de la pratique sportive.

Nous proposons de réaliser les mesures suivantes:

● Réaffirmer le rôle des professeurs d'EPS dans la transmission d'une éducation physique obligatoire pour toutes et tous

● Interdire la cotation en Bourse des clubs sportifs, s'opposer au *naming* et à l'appropriation commerciale des équipements et compétitions

● Interdire à tout sportif qui n'est pas fiscalement domicilié en France de participer à l'équipe nationale dans le cadre des dispositions d'imposition des Français à l'étranger, refuser toute forme de défiscalisation et de réduction de cotisations sociales sur les revenus des sportifs professionnels

● Garantir l'égalité entre le sport féminin et masculin, y compris en matière de diffusion à la télévision

● Renforcer les liens de solidarité entre le sport pour tous et le sport de haut niveau, entre les secteurs amateur et professionnel, augmenter la taxation sur les retransmissions sportives à la télévision (taxe Buffet), pour financer le sport amateur, démocratiser la gestion des fédérations sportives et assurer la souveraineté des licenciés sur leur fédération

79. Lutter contre l'agression publicitaire et la marchandisation

La pub est partout. Chaque personne est exposée à des centaines, voire des milliers de messages publicitaires chaque jour! C'est un dressage social au service du productivisme: entretenir et créer sans cesse des frustrations pour vendre toujours plus, quitte à fabriquer des besoins lorsqu'ils n'existent pas. Dégâts civiques, sociaux et écologiques garantis. L'être humain n'est pas uniquement du «temps de cerveau disponible» pour annonceurs!

Nous proposons de réaliser les mesures suivantes:

● Interdire la publicité commerciale dans les institutions publiques (écoles, hôpitaux...)

● Revenir sur les partenariats privés dans l'Éducation nationale (Microsoft, *Teach for France*...)

- Interdire la publicité dans les programmes de télévision destinés aux enfants et la mise en scène d'enfants dans les publicités
- Faire reculer l'affichage publicitaire, en commençant par les abords des villes et des bourgs aujourd'hui défigurés, interdire les écrans publicitaires numériques dans les lieux publics, ouvrir des espaces d'affichage pour l'expression citoyenne et culturelle

Face au déclinisme

LA FRANCE AUX FRONTIÈRES DE L'HUMANITÉ

La mer, l'espace, le monde du numérique et du virtuel sont les nouvelles frontières de l'humanité. Les Français excellent dans ces domaines d'avenir. Mais l'ambition politique est absente! Comment porter la France aux avant-postes de l'humanité pour contribuer à l'essor universel?

Je connais aussi la force d'entraînement des grands enthousiasmes collectifs. La France est le deuxième territoire maritime du monde, et la deuxième Nation pour la cotisation individuelle à la conquête de l'espace! Sans parler du génie français particulièrement fécond dans l'univers du numérique et du virtuel.

Voilà qui fait de nous un peuple avec une responsabilité particulière et enthousiasmante! Ici se trouvent d'immenses gisements d'emplois, d'inventions et de progrès écologiques pour la France et la civilisation humaine.

Jean-Luc Mélenchon

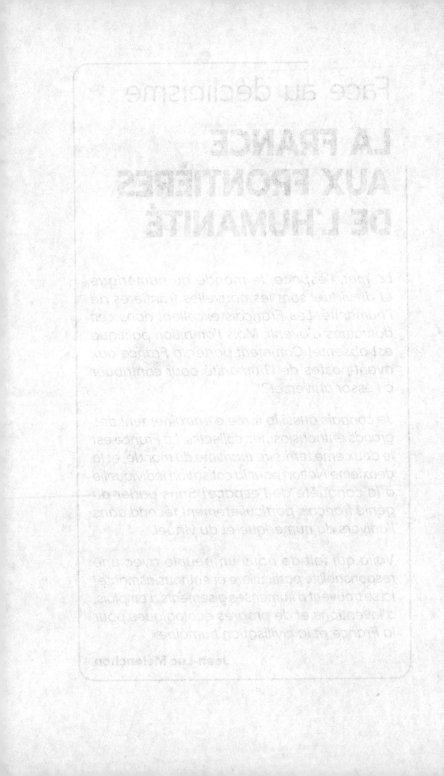

Face au déclinisme

LA FRANCE AUX FRONTIÈRES DE L'HUMANITÉ

Jean-Luc Mélenchon

80. Ouvrir une nouvelle ère de coopérations internationales

La mer et l'espace sont des biens communs de l'humanité. Ce sont aussi des frontières, tant les connaissances dans ces domaines restent limitées. La France apporte une contribution majeure sur ces deux enjeux du XXIe siècle. Allons plus loin, proposons de nouveaux partenariats pour le bien de tous.

Nous proposons de réaliser les mesures suivantes:

● Proposer de nouvelles coopérations spatiales ouvertes à tous

  ▶ Créer une université internationale des métiers de l'espace

  ▶ Proposer un programme international de dépollution de l'orbite géostationnaire et de prévention contre les astéroïdes géocroiseurs

  ▶ Lancer le projet de renouvellement de la station spatiale internationale

  ▶ Garantir le projet Luna27 de base lunaire russo-européenne

  ▶ Fédérer les différentes missions vers Mars et assurer la participation française à ses missions

● Lancer des coopérations maritimes pour faire face au défi écologique

  ▶ Lancer un programme international de dépollution des océans et de récupération des déchets flottants

▶ Faire de la Méditerranée un espace de coopérations intenses

▶ Proposer la construction de la première station sous-marine permanente sur le modèle de la station spatiale internationale

▶ Créer une université internationale des métiers de la mer

81. Engager la France dans un «plan Mer» et créer 300 000 emplois maritimes

La France est une puissance maritime qui s'ignore. C'est pourtant une question de souverainete essentielle pour notre pays, présent dans toutes les mers du globe. Et une source formidable pour une relance écologique de l'activité en France. 300 000 emplois existent pourtant déjà dans ce domaine et autant pourraient être créés très rapidement. Énergie, alimentation, medecine, transport, tant de ressources sont à notre portee, pour peu qu'on sache les utiliser avec intelligence et conscience de l'enjeu écologique.

Nous proposons de réaliser les mesures suivantes:

● Developper les énergies marines renouvelables (EMR) dans le cadre du plan de transition energetique et d'une maîtrise publique des installations et réseaux

● Refuser l'abandon de la filière d'énergie marine et assurer son developpement industriel par la nationalisation de la branche Énergies marines d'Alstom, cedee à General Electric, de la branche éolienne d'Areva, cedee à Siemens

- Développer la pêche artisanale, refuser la marchandisation de la politique commune des pêches au niveau européen, appliquer les quotas pluriannuels pour donner de la visibilité aux pêcheurs et gérer durablement la ressource, mettre fin au chalutage en eau profonde
- Instaurer un plan quinquennal pour l'aquaculture écologique, notamment marine et littorale, et soutenir l'utilisation des algues pour remplacer les énergies fossiles (plastiques, etc.)
- Défendre la marine marchande française par le protectionnisme, imposer le pavillon français de premier registre pour toute liaison entre deux territoires français, notamment la Corse et le continent, et élargir le concept de «flotte stratégique» à d'autres activités que le transport pétrolier (câbliers, etc.)
- Nationaliser le chantier naval STX de Saint-Nazaire et développer la filière française de construction et déconstruction navale
- Mettre en place un mécanisme d'aide au renouvellement de la flotte (de commerce, de pêche, de plaisance) pour les navires de plus de trente ans, démantelés en France et remplacés par des navires construits en France avec des procédés et matériaux écologiques
- Relancer les ports français et moderniser les infrastructures portuaires
  - ▶ Élaborer un plan national de transport de marchandises (fret ferroviaire/fluvial/maritime) pour une desserte multimodale et coordonnée sur tout le territoire
  - ▶ Développer le cabotage maritime entre ports français
- Faire de la France le leader mondial de la recherche et de l'éducation dans le secteur maritime, en ouvrant au moins un lycée professionnel maritime dans chaque département littoral en métropole et dans chaque

département ou territoire d'Outre-mer, et developper les formations d'enseignement supérieur liées au maritime, en renforçant les moyens de recherche de l'Inserm et de l'Inra lies aux ressources marines, ainsi que les moyens de l'Ifremer

● Connaître et gérer durablement l'espace maritime français

▶ Achever le programme Extraplac de connaissances des fonds sous-marins et obtenir la reconnaissance des resultats par l'Onu

▶ Réaliser un audit de l'application de la loi littoral, mettre en place une mission scientifique d'évaluation de l'impact de l'élévation du niveau des mers sur les rivages français et élaborer un plan d'adaptation

▶ Creer un ministère de la Mer et une direction générale de la mer, pour une politique maritime intégrée

82. Relancer la découverte de l'espace

C'est depuis Toulouse qu'était pilote le petit robot Philae qui nous a émerveillés. L'indépendance de la France et notre contribution à la connaissance dépendent de l'espace. Nos savoir-faire méritent mieux que le mepris des dirigeants passes et actuels qui ont privatisé Arianespace, la société qui réalise les tirs de la fusee Ariane. Ce domaine ne doit pas être abandonné aux marchands, c'est l'interêt general qui est en jeu.

Nous proposons de réaliser les mesures suivantes:

● Défendre l'independance de la France, ce qui implique de:

- ▶ Garantir le lancement de la fusée Ariane 6 en 2020 et renforcer les recherches pour Ariane 7, notamment la recherche pour un lanceur réutilisable en 2025 et la maîtrise des technologies nécessaires à un vol habité
- ▶ Revenir sur la privatisation d'Arianespace et la filière de lancement de satellites, renforcer les moyens du Centre national d'études spatiales
- ▶ Instaurer un protectionnisme pour favoriser le développement d'Arianespace pour les lancers européens
- Garantir l'achèvement du programme Galileo de radionavigation par satellite
- Renforcer la contribution française à la présence humaine permanente dans l'espace en lien notamment avec la Russie, la Nasa, la Chine et l'Inde
- Renforcer la recherche sur les propulseurs nécessaires aux expéditions les plus lointaines et avancer dans la maîtrise des vols suborbitaux
- Développer les missions interplanétaires
- Doter la France des moyens de neutralisation des actions hostiles menées contre elle depuis l'espace

83. Mobiliser le savoir-faire français dans le numérique et le virtuel au service de l'intérêt général

Il y a un autre domaine où la France excelle trop discrètement. C'est l'ensemble des activités liées au virtuel, au numérique et à la robotique. Cette révolution technologique ne doit pas faire peur. Mais elle ne donnera pas le meilleur si on laisse faire les multinationales. C'est un enjeu démocratique, économique et social de premier plan. Pour que la technologie serve le progrès humain.

Nous proposons de réaliser les mesures suivantes:

● Affirmer le caractère d'intérêt général de la révolution numérique

  ▶ Reconquérir la maîtrise publique des technologies liées au numérique et aux télécommunications (câbles sous-marins, tirs de satellites, réseaux basse et haute tension, etc.)

  ▶ Généraliser l'usage des systèmes d'exploitation et des logiciels libres dans les administrations publiques et l'Éducation nationale

  ▶ Garantir la neutralité du net et lutter contre le profilage en ligne, comme le défend l'association La Quadrature du Net

  ▶ Systématiser la publication en *open data* des données publiques détenues par les collectivités, comme le propose l'association Regards citoyens

● Garantir l'égalité d'accès au numérique sur tout le territoire, notamment en accélérant l'achèvement de la couverture du pays en très haut débit d'ici 2022

● Anticiper les transformations numériques du travail et de la production en lançant un plan pour l'industrie 4.0 associant les salariés

● Promouvoir une économie numérique vraiment collaborative

  ▶ S'opposer aux logiques de privatisation des services liés au numérique, lutter contre l'évasion fiscale et la création de nouvelles rentes privées par les plateformes lucratives

  ▶ Soutenir la création d'associations à but non lucratif, de coopératives (SCOP, SCIC, etc.) ou d'entreprises publiques pour fournir les services collaboratifs rendus possibles par le numérique et l'exploitation des données publiques (État, entreprises de transports, etc.)

▶ Protéger les données personnelles contre leur utilisation mercantile

▶ Soutenir la création de Fablabs et autres lieux collectifs de création et de fabrication, liés au numérique, à l'impression 3D, etc.

● Renforcer la prééminence française dans le virtuel, soutenir les créations françaises (jeux vidéo notamment) dans un but émancipateur

● Soutenir la recherche publique sur la réalité et l'humanité augmentées dans le cadre d'une concertation éthique et citoyenne constante

MAQUETTE : DIRECTION ARTISTIQUE ÉDITIONS DU SEUIL
RÉALISATION : PAO ÉDITIONS DU SEUIL
IMPRESSION : CPI FRANCE
DÉPÔT LÉGAL : DÉCEMBRE 2016. N° 131751-8 (141204)
Imprimé en France